ZEHN ERFINDUNGEN, DIE DIE WELT VERÄNDERTEN

VON MENSCHEN UND TECHNIK

Text von
RUTH AMOS

Illustrationen von
STACEY THOMAS

PRESTEL
München · London · New York

Ich bin Erfinderin. Das heißt einfach nur, dass ich Ideen oder Gegenstände auf eine neue Art und Weise miteinander verbinde, um etwas zu schaffen, das es vorher nicht gab.

Als ich etwa in deinem Alter war, dachte ich, dass nur ganz außergewöhnliche Menschen Erfinder*innen sind. Ich war sicher, dass viel klügere Menschen als ich die Welt um uns herum gestalten.

Als ich älter wurde, lernte ich, dass Erfinder*innen Menschen wie du und ich sind und aus allen Gesellschaftsschichten und der ganzen Welt kommen.

Ich begann, mir Probleme genau anzusehen und Lösungen in Form von Erfindungen zu entwickeln. Einige Erfindungen waren Zufall, andere hatte ich von vornherein als Ziel vor Augen. Ich zog mich oft in meine Werkstatt zurück, um zu tüfteln, und ich begann mich zu fragen...

WIE SAHEN DIE WERKSTÄTTEN AUS, IN DENEN GROẞE IDEEN ENTWICKELT WURDEN?

WER WAREN DIE MENSCHEN, DIE AUS IDEEN UNGLAUBLICHE ERFINDUNGEN MACHTEN?

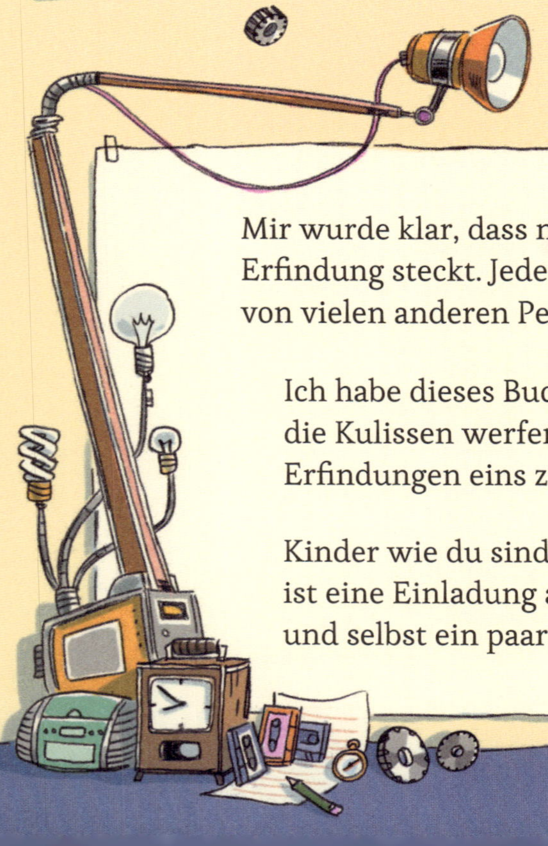

Mir wurde klar, dass nie nur ein einziger Mensch hinter einer Erfindung steckt. Jede Erfindung beginnt als Idee, die im Laufe der Zeit von vielen anderen Personen weiterentwickelt und verbessert wird.

Ich habe dieses Buch geschrieben, damit du einen Blick hinter die Kulissen werfen kannst und um dir zu zeigen, wie bei Erfindungen eins zum anderen führt. Alles hängt zusammen.

Kinder wie du sind die Erfinder*innen von morgen. Dieses Buch ist eine Einladung an dich, deinen genialen Verstand zu nutzen und selbst ein paar tolle Ideen zu entwickeln. Viel Glück!

KOMM MIT IN WERKSTÄTTEN, IN DENEN ZEHN ERFINDUNGEN ENTSTANDEN, DIE DIE WELT VERÄNDERT HABEN.

DIE **TELEFON**ZENTRALE

DIE WEITE WELT DER KOMMUNIKATION

Es war einmal ... da musste man, um mit einer anderen Person zu sprechen, am selben Ort sein wie sie. Erst als 1876 der Bell'sche Fernsprecher erfunden wurde, konnten Menschen weltweit in Echtzeit mit jedermann reden, da ihre Stimmen ab da durch den Raum reisen konnten. Die Vorläufer dieser Kommunikationsmittel sahen jedoch ganz anders aus als die heutigen Telefone.

KERZENSTÄNDER-Telefone gehörten zu den ersten Telefonen in Wohnungen. Die Menschen mussten nicht mehr an der Wand stehen, sondern konnten im Sitzen telefonieren.

Mit **WÄHLSCHEIBEN**-Telefonen brauchte man keine Telefonist*innen mehr, sondern konnte selbst die gewünschte Nummer wählen.

Das **TASTEN**-Telefon war sogar noch praktischer als das Wählscheibensystem: Zum Anrufen mussten nur noch Tasten gedrückt werden.

Durch das **SCHNURLOSE TELEFON** konnten sich die Menschen innerhalb ihrer Wohnung frei bewegen, während sie telefonierten.

Dieser klobige, schwarze Kasten war das erste „Smartphone“ der Welt. Das **SIMON** hatte zwar kein Hosentaschenformat, aber es war Vorreiter bei der Verwendung eines Touchscreens zum Wählen und verfügte über einige Apps, zum Beispiel einen Taschenrechner.

DAS AKUSTISCHE TELEFON

Der englische Universalgelehrte **ROBERT HOOKE** entdeckte, dass sich Schall überträgt, wenn er in eine schalenartige Vorrichtung gesprochen wird, die an einem gespannten Stück Schnur oder Draht befestigt ist. Die Schallwellen einer Stimme werden über die Schnur als Schwingungen gesendet und am schalenförmigen Gebilde am anderen Ende wieder in Schall umgewandelt.

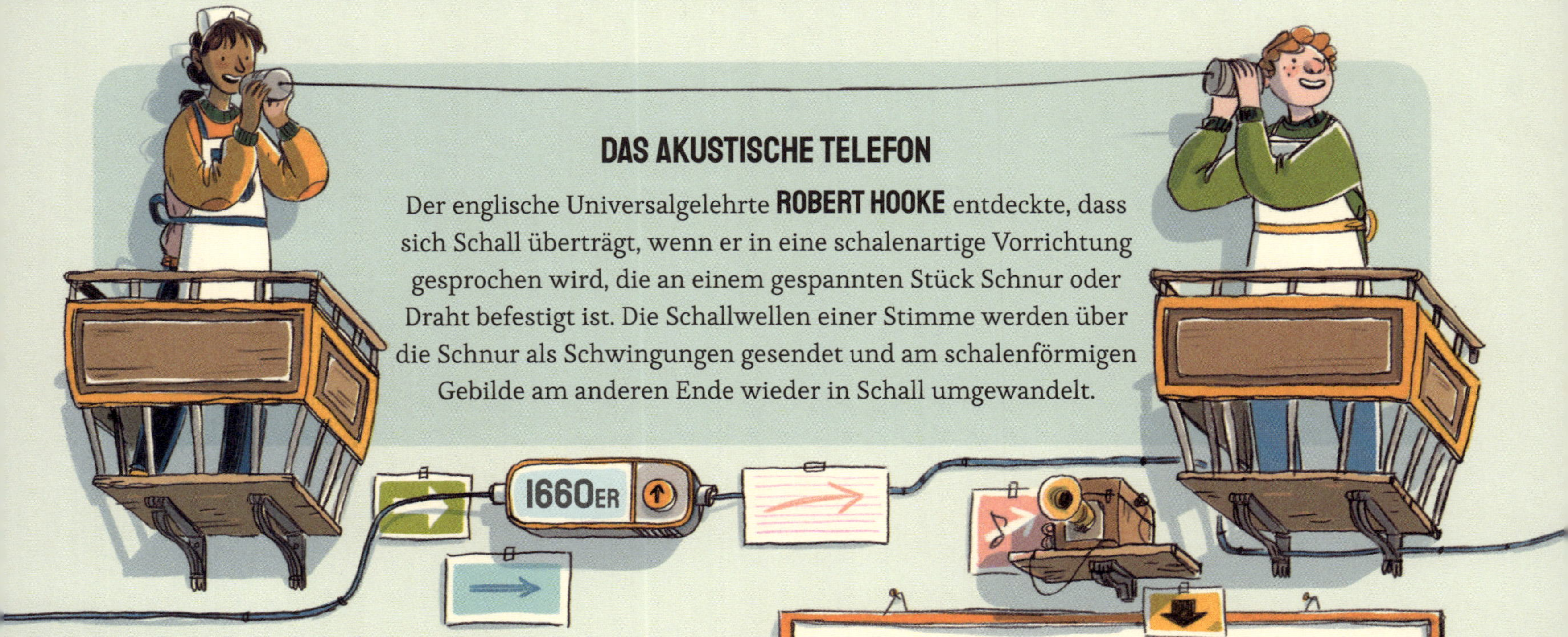

GESCHICHTE DES TELEFONS

Von der Höhlenmalerei bis zum Rauchsignal: Solange wir auf diesem Planeten leben, haben wir Formen der Kommunikation erfunden. Die Erforschung der Elektrizität löste eine schnelle Abfolge von Fortschritten aus, die zum Telefon führten.

DER SINGENDE APPARAT

Unter dem Namen „Reis-Telephon“ entwickelte der deutsche Erfinder **JOHANN PHILIPP REIS** ein Gerät, das Schall auffing und in elektrische Impulse umwandelte. Das Gerät eignete sich hervorragend zur Übertragung von Musik, für das gesprochene Wort war die Wiedergabe zu schlecht.

1861

1876

BELL'SCHER FERNSPRECHER

Der in Schottland geborene **ALEXANDER GRAHAM BELL** meldete 1876 das US-Patent für einen „Apparat zur telegrafischen Übertragung von Stimmen oder anderen Tönen“ an. Am selben Tag erfolgte die Patentanmeldung eines sehr ähnlichen Geräts durch einen anderen amerikanischen Erfinder, **ELISHA GRAY**. Zweiundzwanzig Tage später wurde Bell das Patent erteilt. Es folgte ein Rechtsstreit, den Bell schließlich gewann.

DER TELEGRAF

In Großbritannien bauten **WILLIAM FOTHERGILL COOKE** und **CHARLES WHEATSTONE** gemeinsam den ersten brauchbaren Telegrafen. Er verschickte verschlüsselte Nachrichten mit Hilfe von Nadeln, Drähten und Elektromagneten.

In den Vereinigten Staaten entwickelte **SAMUEL MORSE** ein neues telegrafisches System zur Übermittlung von Nachrichten, den Morsecode. Er verwendete Punkte und Striche (kurze und lange Impulse) für Buchstaben und Zahlen. Telegrafie und Morsecode weckten den Wunsch nach Echtzeit-Kommunikation. Der Wettlauf um die Übertragung von Sprache begann!

1830ER

DER SPRECHENDE TELEGRAF

Der in Italien geborene Erfinder **ANTONIO MEUCCI** experimentierte mit dem Telegrafen und entdeckte, dass er damit Sprache übertragen konnte! Mit seinem Gerät war er in der Lage, von seiner Werkstatt im Keller aus mit seiner kranken Frau im Schlafzimmer im zweiten Stock zu kommunizieren. Das war revolutionär, aber weil er kein Geld hatte, bekam er kein Patent, das ihn als Erfinder auswies.

1856

WIE FUNKTIONIERTE BELLS FERNSPRECHER?

Der trompetenförmige **EMPFÄNGER** wurde sowohl zum Sprechen als auch zum Hören benutzt. Er enthielt eine Membran, eine Art kleines, dichtes Trommelfell, das beim Hineinsprechen vibrierte.

Sprach man in den Empfänger, wurden **ELEKTROMAGNETE** in Schwingung versetzt.

Ein Elektromagnet wurde um einen hufeisenförmigen **MAGNETEN** gewickelt, um ihn zu verstärken.

An den **ANSCHLUSSSTELLEN** befestigte **DRÄHTE** leiteten elektrische Signale zu einem anderen Telefon oder umgekehrt.

DIE TELEGRAFONIE

Der amerikanische Erfinder **GRANVILLE WOODS** erfand eine Kombination aus Telefon und Telegraf, um Sprachnachrichten und Morsezeichen über dieselben Drähte zu senden. Er verkaufte die Rechte an seinem Entwurf an Alexander Graham Bells Unternehmen. Danach machte er das Bahnfahren sicherer, indem er die Multiplex-Telegrafie erfand, mit der der Austausch von Nachrichten zwischen fahrenden Zügen möglich wurde.

1885

NEUE BERUFSCHANCEN

Nach der Erfindung des Bell'schen Fernsprechers wurde zwar ein Telefonnetz ausgebaut, aber es gab keine Standleitungen zwischen den Benutzern. Stattdessen gab es Telefonzentralen, wo Telefonisten eingehende Anrufe manuell an ihr Ziel weiterleiteten. Wer in einer Telefonzentrale arbeitete, musste aufmerksam und schnell sein. **EMMA NUTT** schrieb als erster „weiblicher Telefonist" der Welt Geschichte.

1878

EINE BESSERE GESELLSCHAFT

Im späten 19. Jahrhundert setzte sich die Telefontechnologie durch, und die neue Leichtigkeit der Kommunikation brachte positive Veränderungen für die Gesellschaft mit sich: von Arbeitsmöglichkeiten für Frauen bis zur Hilfe für Menschen in Not.

STARKE GESCHÄFTSVERBINDUNGEN

Als die Nutzung des Telefons immer alltäglicher wurde, waren die Telefonzentralen mit den vielen Anrufen überfordert. Es konnten nicht alle vermittelt werden. Die amerikanische Mathematikerin **ERNA SCHNEIDER HOOVER** fand die Lösung: ein „computergesteuertes Telefonvermittlungssystem", um eingehende Anrufe zu überwachen und eine Überlastung des Systems zu vermeiden.

1971

IMMER IN BEWEGUNG

Anfang der 1980er-Jahre begannen Ingenieur*innen, ein Mobilfunknetz zu entwickeln, das es ermöglichte, von unterwegs aus zu telefonieren. Die schwedische Telekommunikationsingenieurin **LAILA OHLGREN** arbeitete am ersten vollautomatischen Mobiltelefonnetz der Welt. Diese Technologie wird bis heute stetig weiterentwickelt!

1980ER

IM KRIEGSEINSATZ

Im Ersten Weltkrieg setzte Amerika französischsprachige Telefonistinnen zur Nachrichtenübermittlung über militärische Operationen an der Front ein. **GRACE BANKER** war 1918 die Chefin der Telefonistinnen im US Army Signal Corps. Sie bewiesen, dass sie alles konnten, was bis dahin nur Männern zugetraut wurde, und trugen dazu bei, dass Frauen zwei Jahre später in den Vereinigten Staaten das Wahlrecht erhielten.

1918

HILFE FÜR MENSCHEN IN NOT

Großbritannien war das erste Land der Welt, das eine eigene Telefonnummer für die Notdienste einführte. Anrufe unter dieser Nummer umgingen die Warteschlangen in den Telefonzentralen und wurden direkt an die Feuerwehr, die Polizei oder die Rettungswagendienste weitergeleitet. Jahrzehnte später, im Jahr 1953, gründete der junge Vikar **CHAD VARAH** die erste Telefonseelsorge der Welt, um Menschen in Not telefonisch zu helfen.

1937

Die Smartphones von heute können helfen, ein selbstbestimmtes Leben zu führen. Sie eröffnen uns eine Welt voller Informationen. Dadurch wird es uns möglich, immer mehr zu lernen, fundierte Entscheidungen zu treffen und uns mit dem Rest der Welt zu verbinden.

DAS COMPUTERLABOR

DER BEGINN DES DIGITALEN ZEITALTERS

Computer sind heute meist unsichtbar: eingebaut in kleine Armbanduhren und in Spielzeuge, die in deine Taschen passen. Aber der erste elektronische Computer, der 1943 erfunden wurde, füllte einen ganzen Raum! Ohne ihn wäre das Leben, wie wir es kennen, völlig anders. Also tritt ein und sieh dir die unglaublichen Computer an, die unsere Welt revolutioniert haben.

Schon vor Tausenden von Jahren rechneten die Menschen mit einem **ABAKUS** genannten Gerät. Indem sie Perlen auf in ein Gestellt gespannten Fäden verschoben, konnten sie addieren, subtrahieren, multiplizieren und dividieren.

Die **NAPIER'SCHEN RECHENSTÄBCHEN** benutzten als erstes Rechengerät Dezimaltrennzeichen.

Als erste mechanische Rechenmaschine konnte die **DIFFERENZMASCHINE** eine ganze Reihe größerer Berechnungen durchführen, statt nur eine einzige Rechnung zu lösen.

Die **ANALYTISCHE MASCHINE** war das erste programmierbare Rechengerät, das Lochkarten zum Speichern und Verarbeiten von Zahlen verwendete.

Bleche, Metallstifte und alte Filmstreifen wurden zu einer raffinierten Rechenmaschine namens **Z1** zusammengebaut.

COLOSSUS war der erste elektronische Computer. Die Briten nutzten ihn während des Zweiten Weltkriegs, um militärische Codes der Deutschen zu knacken.

ENIAC gilt als erster Supercomputer. Er war revolutionär: Berechnungen, für die ein Mensch zwölf Stunden braucht, dauerten mit dieser legendären Maschine nur 30 Sekunden.

In den späten 1950er-Jahren wurde der **INTEGRIERTE SCHALTKREIS** entwickelt. Was früher einen ganzen Raum voller Elektronenröhren erforderte, wurde auf ein kleines Stück Silizium mit Tausenden mikroskopisch kleiner Schaltkreise reduziert. Dadurch wurden Computer schneller, kleiner und verbreiteter.

DIE ERSTE MECHANISCHE RECHENMASCHINE

Der englische Mathematiker **CHARLES BABBAGE** erfand die erste Rechenmaschine und nannte sie **DIFFERENZMASCHINE**. Er unterschätzte allerdings die Schwierigkeiten, die mit dem Bau eines solchen Geräts verbunden waren. 25 000 Teile wurden benötigt, und es dauerte mehrere Jahre, bis ein Vorführmodell fertiggestellt war.

1821–22

DAS ERSTE PROGRAMMIERBARE GERÄT

Ein paar Jahre später hatte Babbage eine weitere ehrgeizige Idee: eine programmierbare Allzweck-Rechenmaschine. Diese **ANALYTISCHE MASCHINE** sollte mathematische Operationen anhand von Anweisungen auf Lochkarten durchführen. Obwohl sie nie ganz fertiggestellt wurde, bilden ihre Komponenten heute die Grundlage für jeden Computer.

1834

GESCHICHTE DES COMPUTERS

Unsere heutigen Computer stehen nur für einen Teil der technologischen Reise, die mit unseren frühen Vorfahren begann. Sie verließen sich auf das Zählen mithilfe ihrer Finger und Zehen. Uns ermöglicht der Computer, solche Berechnungen zu automatisieren.

DER ERSTE SUPERCOMPUTER

Der amerikanische Physiker **JOHN MAUCHLY** entwickelte den **ENIAC** (Electronic Numerical Integrator and Computer) während des Zweiten Weltkriegs, um die Flugbahnen von Sprenggeschossen zu berechnen. Der Computer wog 30 Tonnen und benötigte einen 1 500 Quadratmeter großen Raum für alle seine Teile.

1946

DER ERSTE PERSONAL COMPUTER

Bis Mitte der 1960er-Jahre waren Computer Mathematikern in Laboren vorbehalten. Mit der **OLIVETTI PROGRAMMA 101** änderte sich das. Der italienische Elektroingenieur **PIER GIORGIO PEROTTO** entwickelte einen Desktop-Computer für zu Hause.

WIE FUNKTIONIERTE DER PROGRAMMA 101?

Die **TASTATUR** diente zur Eingabe von Daten wie Buchstaben, Zahlen, Gleichungen.

Wenn die blaue **LAMPE** leuchtete, war der Computer zur Eingabe bereit. Rotes Licht signalisierte dem Benutzer, dass ein Fehler aufgetreten war.

Programme mit bis zu 120 Anweisungen konnten auf einer **MAGNETKARTE** aufgezeichnet werden.

Die Ergebnisse wurden mit einem **WALZENDRUCKER** ausgedruckt.

1964

DER ERSTE ELEKTRISCH BETRIEBENE COMPUTER

Der deutsche Bauingenieur **KONRAD ZUSE** begann mit der Entwicklung eines elektrisch betriebenen, binären mechanischen Computers, der als **Z1** bekannt wurde. Absolut innovativ war, dass er ein binäres Zahlensystem verwendete, das alle Zahlen mit nur zwei Ziffern darstellte: 0 und 1. Alle mechanischen Rechenmaschinen vor Z1 und sogar Babbages Entwurf basierten auf der Dezimalarithmetik.

1936–38

DER ERSTE ELEKTRONISCHE COMPUTER

Der **COLOSSUS** hatte einen einzigen Zweck: beim Entschlüsseln der Nachrichten zwischen Adolf Hitler und seinen Generälen während des Zweiten Weltkriegs zu helfen. Er wurde von dem englischen Ingenieur **TOMMY FLOWERS** nach Plänen des Mathematikers **MAX NEWMAN** entwickelt und 1944 in der britischen militärischen Dienststelle für das Dechiffrieren von Codes in Bletchley Park in Betrieb genommen.

1944

DER MODERNE COMPUTER

Der amerikanische Informatiker **MARK DEAN** spielte eine Schlüsselrolle bei der Entwicklung vieler moderner Computertechnologien, darunter der **COMPUTER-FARBMONITOR** und der **ERSTE EIN-GIGAHERTZ-CHIP**, ein revolutionäres Stück Technik, das eine Milliarde Berechnungen pro Sekunde durchführen kann.

1990ER

UNGESEHENE PROGRAMMIERERINNEN

Die Welt hatte jetzt großartige Maschinen, aber sie mussten programmiert werden. Die Codes guter Programmierer*innen haben präzise, einfach und so kurz wie möglich zu sein.

ADA LOVELACE

Die englische Mathematikerin Ada Lovelace erklärte, wie Charles Babbages' Analytische Maschine die **BERNOULLI-ZAHLEN** (eine bestimmte Zahlenfolge) berechnen konnte. Die Tabelle ihrer Berechnungen war der erste „Code" jener Zeit. Heute gilt Lovelace als **ERSTE COMPUTERPROGRAMMIERERIN DER WELT**.

JOAN CLARKE

Die englische Mathematikerin setzte während des Zweiten Weltkriegs ihre speziellen Fähigkeiten als **KRYPTOANALYTIKERIN** ein, um die Nachrichten der deutschen U-Boote in Echtzeit zu entschlüsseln und so Leben und Ausrüstung der Alliierten zu retten.

DIE ENIAC-PROGRAMMIERERINNEN

Im Rahmen eines Geheimprojekts im Zweiten Weltkrieg programmierten sechs amerikanische Frauen den **ENIAC**, der dank ihrer Arbeit komplexe Berechnungen in Sekundenschnelle durchführte. Vor Kay McNulty, Betty Jean Jennings, Betty Snyder, Marlyn Wescoff, Fran Bilas und Ruth Lichterman gab es keine Programmiersprachen.

1960

XIA PEISU

Nach dem Zweiten Weltkrieg waren chinesische Wissenschaftler*innen auf die Computerhardware und das Fachwissen der Sowjetunion angewiesen. Als der Austausch zwischen den beiden Ländern abbrach, schrieb die Wissenschaftlerin Xia Peisu Geschichte als führende Entwicklerin des ersten in China hergestellten Allzweck-Digitalcomputers – dem **MODELL107**.

1950ER

GRACE HOPPER

Grace Hopper entwickelte Programmiersprache namens **FLOW-MATIC**, die es erlaubte, auch ganz normale Wörter zu benutzen. Später war sie an der Entwicklung von **COBOL**, einer der ersten standardisierten Programmiersprachen für Computer – die noch heute verwendet wird – beteiligt.

DIE UNBEKANNTEN HELDINNEN DER NASA

Mary Jackson, Katherine Johnson und Dorothy Vaughan waren drei Amerikanerinnen bei der NASA. Man nannte sie die **MENSCHLICHEN COMPUTER**, weil sie mit ihren mathematischen Berechnungen dazu beitrugen, dass die Vereinigten Staaten im Weltraumrennen mit der Sowjetunion die Nase vorn hatten. Ihre Arbeit ermöglichte es John Glenn als erstem amerikanischem Astronauten, die Erde im Weltraum zu umrunden.

1962

In den 1980er- und 1990er-Jahren änderte sich das Image der Computerbranche, und das Ansehen von Computerprogrammierer*innen stieg. Männer begannen, sich für die Branche und das Geld, das sich dort verdienen ließ, zu interessieren. Aber gerade in jüngster Zeit steigen zunehmend auch wieder Frauen ein.

DIE GLÜHBIRNENFABRIK

EINE BLENDENDE IDEE!

Die Glühbirne, die 1879 erfunden wurde, wird oft als die wichtigste Erfindung seit der Nutzbarmachung des Feuers angesehen. Das liegt an ihren Auswirkungen auf den Alltag: Sie machte längere Arbeitszeiten möglich, geselliges Beisammensein nach Einbruch der Dunkelheit populär und die Häuser sicherer. Sieh dir an, wie drastisch sich die Beleuchtung unserer Häuser im Laufe der Zeit verändert hat.

Die Dochte der frühen **KERZEN** krümmten sich nicht in die Flamme zurück und wurden mit dem Abbrennen der Kerzen nicht kürzer. Deshalb mussten sie aus Sicherheitsgründen regelmäßig abgeschnitten werden.

ÖLLAMPEN hatten einen Docht wie eine Kerze, wurden aber mit Öl statt mit Wachs befeuert. Sie spendeten so viel Licht wie zehn Kerzen.

Das Licht einer **KEROSINLAMPE** war nur geringfügig stärker als das einer Öllampe, dafür war der Brennstoff billig. Fast jeder konnte sich so eine Beleuchtung leisten.

Als man erkannte, dass Elektrizität Licht erzeugen kann, wurde die erste **GLÜHLAMPE** entwickelt. Elektrischer Strom wurde durch einen gewendelten Draht aus Wolfram geleitet und erhitzt, bis er glühte.

NATRIUMDAMPFLAMPEN wurden durch das Erhitzen von Natrium in einer Röhre mit zwei Elektroden betrieben. Das Natrium verdampfte und erzeugte dabei ein gelbliches Licht.

Die Erfindung der **HALOGENLAMPE**, eine Weiterentwicklung der Glühbirne, war ein großer Schritt in Richtung energieeffizientere Leuchtmittel.

Wenn Strom auf bestimmte Gase in einem Glasvakuum einwirkt, entsteht **FLUORESZIERENDES** *Licht.*

LEUCHTDIODENLAMPEN (LEDs) verwenden ein Bauteil, das Licht erzeugt, wenn elektrischer Strom hindurchfließt. Sie sind heute die gängigste Art von Leuchtmitteln in unseren Haushalten – und beleuchten sogar Weihnachtsbäume.

ELEKTRISCHE BATTERIE

Der italienische Erfinder **ALESSANDRO VOLTA** entwickelte eine praktische Neuerung zur Stromerzeugung: die Volta'sche Säule. Sie bestand aus Zink- und Kupferscheiben, die abwechselnd mit in Elektrolyte getränkten Papp- oder Stoffschichten geschichtet wurden: die erste Batterie! Und eine der ersten Energiequellen für Glühbirnen.

1800

GESCHICHTE DER GLÜHBIRNE

Die erste Glühbirne wurde „Glühlampe" genannt. Damit sie überhaupt möglich wurde, musste herausgefunden werden, wie Elektrizität Licht erzeugen kann, eine funktionierende Lichtquelle musste entwickelt werden, und ein Design der Glühbirne gab es auch noch nicht.

EDISONS GLÜHBIRNE

Auch der US-Amerikaner **THOMAS EDISON** arbeitete an einer Verbesserung der Glühbirne. Er entwickelte eine Glühbirne mit Kohlefaden, ähnlich der von Joseph Swan. Edison machte die Glühfäden jedoch dünner, was ihnen einen besseren elektrischen Widerstand verlieh. Dadurch wurde nur eine geringe Strommenge benötigt, um ein Glühen zu erzeugen. Swan übernahm dann Edisons Verbesserungen.

1879

WIE FUNKTIONIERTE EDISONS GLÜHBIRNE?

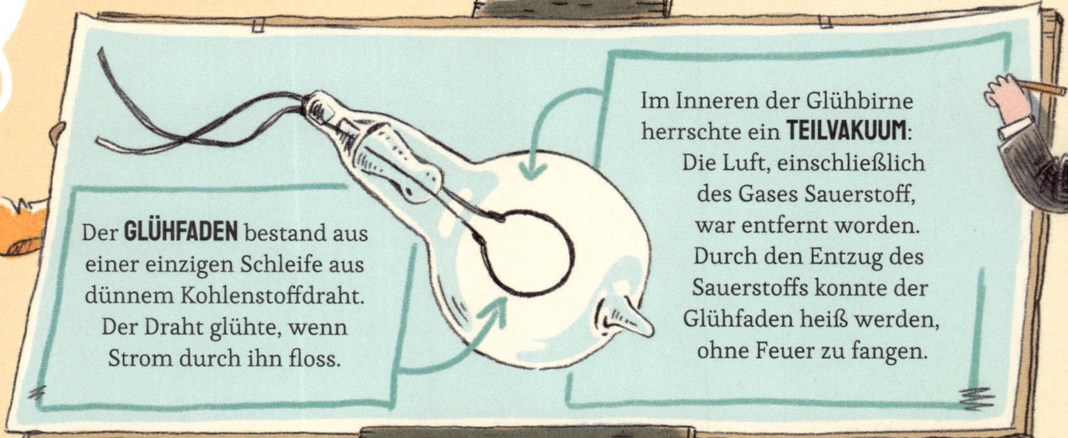

Der **GLÜHFADEN** bestand aus einer einzigen Schleife aus dünnem Kohlenstoffdraht. Der Draht glühte, wenn Strom durch ihn floss.

Im Inneren der Glühbirne herrschte ein **TEILVAKUUM**: Die Luft, einschließlich des Gases Sauerstoff, war entfernt worden. Durch den Entzug des Sauerstoffs konnte der Glühfaden heiß werden, ohne Feuer zu fangen.

ELEKTRISCHE BOGENLAMPE

Kurz nach Voltas Entdeckung erfand der englische Chemiker **HUMPHRY DAVY** die elektrische Bogenlampe. Er verwendete eine 2000-Zellen-Batterie und zwei Drähte, um einen zehn Zentimeter langen Lichtbogen zwischen zwei Kohlestäben zu erzeugen. Obwohl sie sich zunächst nicht als Straßenbeleuchtung eignete, wurden die zugrundeliegenden Prinzipien bei der Weiterentwicklung von Lampen verwendet.

1809

DIE SWAN-GLÜHBIRNE

Der englische Physiker **JOSEPH SWAN** entwickelte eine Glühbirne, die mit karbonisierten Papierfäden betrieben wurde. Seine Glühbirne funktionierte gut, war aber für den alltäglichen Gebrauch nicht geeignet, da sie zu schnell ausbrannte.

1870ER

LATIMERS KOHLEFADEN

Einer der Hauptverantwortlichen für den kommerziellen Erfolg der Glühbirne war der Amerikaner **LEWIS H. LATIMER**. Er ließ sich einen Kohlefaden patentieren, der Glühbirnen langlebiger und erschwinglicher machte. Im Jahr 1884 schloss er sich mit Edison zusammen und arbeitete in dessen Glühbirnen-Forschungsteam.

1881

BLENDENDE IDEEN

Seit der Erfindung der Glühbirne beschäftigen sich Forscher*innen mit der Frage, wie wir Licht auf neue und sinnvolle Weise nutzen können – vom WLAN bis zur Hilfe in Notlagen.

1954

DARYL CHAPIN, CALVIN FULLER UND GERALD PEARSON

Drei Kollegen bei den New Yorker Bell Laboratories entwickelten die erste **SILIZIUM-SOLARZELLE**. Das von Daryl Chapin, Calvin Fuller und Gerald Pearson verwendete Silizium kann das Sonnenlicht fünfmal effizienter in Strom umwandeln als das vorher in Solarzellen benutzte Selen. Deshalb ist es für praktische Anwendungen wie den Betrieb von Solarleuchten oder sogar Satelliten geeignet.

1993

SHUJI NAKAMURA

Der japanische Ingenieur Shuji Nakamura leitete ein Team, das die erste **BLAUE LEUCHTDIODE (LED)** entwickelte. Dieser Durchbruch in der LED-Technologie führte zur Entwicklung von weißem LED-Licht (einer Kombination aus blauem, rotem und grünem Licht). Für die Innovation bei LEDs erhielten Nakamura und zwei Kollegen 2014 den Nobelpreis für Physik.

2010

ALICE CHUN

Die Amerikanerin Alice Chun hat eine leichte, faltbare und wasserfeste Solarlampe erfunden. Sie wird von der Sonne binnen acht Stunden aufgeladen und leuchtet zwölf Stunden lang. Deshalb ist sie an Orten ohne verlässlichen Zugang zu Elektrizität oder nach Katastrophen von unschätzbarem Wert.

NICK HOLONYAK JR.

Die erste **LEUCHTDIODE MIT SICHTBAREM LICHT (LED)** wurde von dem amerikanischen Ingenieur Nick Holonyak Jr. erfunden. Ihm gelang es, eine Halbleiterlegierung – Galliumarsenidphosphid – zu entwickeln, die rotes Licht aussendet, wenn sie von elektrischem Strom durchflossen wird. Holonyaks Erfindung ebnete den Weg für die Entwicklung der **MODERNEN LED-TECHNOLOGIE**, zum Beispiel bei Displays.

1962

EDWARD E. HAMMER

Der Forscher Edward E. Hammer von General Electric fand einen Weg, eine Leuchtstoffröhre in Spiralform zu biegen und schuf so die erste **KOMPAKTLEUCHTSTOFFLAMPE**. Diese Energiesparlampen hielten zehnmal länger als herkömmliche Glühbirnen und waren bis zu viermal effizienter. Anfangs teuer, wurden sie in den 1990er-Jahren erschwinglicher und alltäglich.

1976

HARALD HAAS

Der deutsche Universitätsprofessor Harald Haas hat **LIGHT FIDELITY (LI-FI)** entwickelt. Diese Technologie ermöglicht es, eine LED-Leuchte als drahtlosen Router für Internetverbindungen zu nutzen. Li-Fi ist bis zu 100-mal schneller als Wi-Fi (WLAN).

2011

DIE UHRMACHERWERKSTATT

DER ANBEGINN DER ZEIT

Ob antike Sonnenuhr oder moderne Quarz-Armbanduhr – in den letzten 3500 Jahren gab es die unterschiedlichsten Arten von Zeitmessern. Entdecke Uhren in allen Formen und Größen: Maschinen, die es uns ermöglicht haben, die Zeit unabhängig von der Sonne zu messen, oder die Abmessungen eines Ozeans anhand der Stunden zu bestimmen, die seine Überquerung braucht.

Die älteste bekannte **SONNENUHR** wurde von den alten Ägyptern gebaut. Indem sie die Position der Sonne am Himmel verfolgten, wurde der Tag in Stunden eingeteilt.

Der Fluss des Wassers war die Grundlage für die Zeitmessung mit der **WASSERUHR**. Die indigenen Völker Amerikas benutzten dafür z. B. einen schwimmenden Behälter, der durch ein Loch Wasser hereinließ, bis er schließlich unterging.

Die **FEUERUHR**, die ursprünglich vielleicht in Indien entwickelt wurde, war in China ab dem 6. Jahrhundert bekannt und wurde ab der Mitte des 10. Jahrhunderts in Tempeln verwendet: Die Zeit wurde durch das Verbrennen von Räucherwerk gemessen.

Das **STUNDENGLAS** wurde im 8. Jahrhundert von einem französischen Mönch erfunden. Sie misst mit einem Durchgang das Verstreichen einer Stunde.

PENDELUHREN waren mit ihrem hin- und herschwingenden Gewicht, dem Pendel, lange die präzisesten Zeitmesser der Welt.

Pendel werden auch heute noch in ***STANDUHREN*** *verwendet.*

FEDERBETRIEBENE UHREN gehörten zu den ersten Uhren, die zu Hause verwendet wurden, da sie klein genug waren, um auf einem Tisch zu stehen. Sie nutzen die Energie aufgezogener Federn, um Zahnräder zu drehen.

ELEKTRISCHE UHREN werden von einem Motor angetrieben, der mit Zahnrädern verbunden ist, die die Uhrzeiger bewegen.

Die **ATOMUHR** verbesserte die Genauigkeit der Zeitmessung. Sie misst die Zeit, indem sie Mikrowellensignale verfolgt, die von den Elektronen in den Atomen ausgesendet werden, wenn sich ihr Energieniveau ändert.

Quarz wird in vielen Zeitmessern verwendet, auch in **ARMBANDUHREN**. Ein Quarzkristall wird durch den Strom aus einer kleinen Batterie in einer bestimmten Frequenz zum Schwingen gebracht. Dadurch bewegt sich der Uhrenmechanismus genau einen Tick pro Sekunde.

GESCHICHTE DER UHR

Von Wasseruhren, die von Astronomen erfunden wurden, bis hin zu einer wie ein Elefant geformten Uhr: Diese frühen Maschinen machten das Leben bei der Arbeit, zu Hause und sogar auf See effizienter.

DIE WASSERUHR

Der Mathematiker **IBN AL-HAYTHAM (ALHAZEN)** beschrieb eine Wasseruhr mit einem Zylinder, der über einen Zeitraum von 24 Stunden immer tiefer versank. Eine damit verbundene Schnur brachte eine Scheibe mit 24 Stunden-Unterteilungen zum Drehen.

1011–21

DIE PENDELUHR

Die erste baureife Pendeluhr wurde von dem niederländischen Mathematiker **CHRISTIAAN HUYGENS** entworfen. Huygens Pendel, bewegte sich mit einer Ganggenauigkeit, die erst 100 Jahre später überboten wurde.

1656

WIE FUNKTIONIERT DIE PENDELUHR?

Die **HEMMUNG** gibt dem Pendel genau getimte Stöße, damit es weiterschwingt, und es gibt das Räderwerk so frei, dass es sich pro Schwung um ein festgelegtes Stück weiterbewegt.

Die Räder des **RÄDERWERKS** nehmen die Energie von der Zugfeder auf und treiben das Uhrwerk mit der richtigen Geschwindigkeit an.

Ein **ZIFFERBLATT** macht sichtbar, wie oft sich das Hemmungsrad gedreht hat, wieviel Zeit also vergangen ist, die durch Stunden-, Minuten- und Sekundenzeiger angezeigt wird.

Die **ZUGFEDER** speichert Energie und gibt sie im Laufe eines Tages nach und nach wieder ab.

Das **PENDEL** reguliert die Geschwindigkeit der Uhr und hält sie konstant.

DIE ELEFANTENUHR

Der Mechanismus der Uhr des muslimischen Ingenieurs **AL-DSCHAZARI** befand sich im Inneren eines Elefantenmodells: eine Schale mit einem Loch, die langsam in einem versteckten Wassertank herabsank und eine Reihe von Geräten aktivierte, die die halbe Stunde anzeigten.

DIE TURMUHR

Die ersten echten mechanischen Uhren der Welt sollen im 14. Jahrhundert Turmuhren in Europa gewesen sein. Anders als heutige Uhren hatten sie keine Zifferblätter oder Zeiger, sondern gaben die Zeit durch das **SCHLAGEN VON GLOCKEN** an.

1206

1300ER

DIE FEDERBETRIEBENE UHR

Der deutsche Schlosser **PETER HENLEIN** entwickelte eine federbetriebene Uhr, die in der Tasche mitgetragen werden konnte. Sie war jedoch nicht sehr zuverlässig, da sie schneller lief, wenn die Feder straff aufgezogen war, und langsamer, wenn sie sich abwickelte.

1500–10

DIE SCHIFFSUHR

Der Pendelmechanismus war auf dem Wasser unbrauchbar. Es war deshalb unmöglich, den Längengrad und damit den Standort auf See zu bestimmen. Der englische Tischler **JOHN HARRISON** erfand die erste Uhr, die das konnte.

DIE HÖLZERNE UHR

Der amerikanische Naturforscher **BENJAMIN BANNEKER** baute die erste in Amerika gefertigte Uhr, nachdem er die Uhr eines reichen Freundes studiert hatte. Sie war komplett aus Holz und ging jahrzehntelang genau!

1735

1752

ZEIT FÜR UNTERWEGS

Der Gedanke, die Zeit zu messen, fasziniert die Menschen schon seit Jahrhunderten. Im 18. Jahrhundert entwickelte sich die Uhr zu einem eigenständigen wissenschaftlichen Instrument. Pünktlichkeit wurde wichtiger und Zeit immer kostbarer.

DIE KUTSCHENUHR

Die Kutschenuhr wurde von dem in der Schweiz geborenen Uhrmacher **ABRAHAM-LOUIS BREGUET** für den französischen Kaiser Napoleon erfunden. Sie steckte in einem Messinggehäuse und hatte ein Zifferblatt, das Mondphase, Tag, Monat und Jahr anzeigte: wichtige Details für wohlhabende Reisende.

1812

DIE ELEKTRISCHE UHR

Der schottische Uhrmacher **ALEXANDER BAIN** war der Erste, der eine Uhr baute und patentieren ließ, die mit elektrischem Strom und nicht mit Federn angetrieben wurde.

1841

Die Erste Industrielle Revolution im späten 18. Jahrhundert führte zu einem Boom der **TASCHENUHREN**. Für den Eisenbahnbetrieb war Zeitmessung unerlässlich, da die Lokführer eine festgelegte „Eisenbahnzeit" benutzen mussten, um Unfälle zu verhüten.

DIE SCHÜTZENGRABENUHR

Die Borgel-Schützengrabenuhr des Genfer Geschäftsmanns **FRANÇOIS BORGEL** wurde mehr als 20 Jahre nach ihrer Patentierung während des Ersten Weltkriegs populär. Soldaten konnten, ohne nach der zuvor bevorzugten Taschenuhr zu kramen, mit dem Gewehr zielen und die Zeit am Handgelenk ablesen.

1891

1892

DIE GREENWICH TIME LADY

Im London des 19. Jahrhunderts waren Uhren fast schon allgegenwärtig, aber sie waren nur nützlich, wenn sie auf eine einheitliche Standardzeit eingestellt waren. 48 Jahre lang stellte **RUTH BELVILLE** jeden Tag ihre Taschenuhr nach der Uhr des königlichen Observatoriums in Greenwich ein und verkaufte die genaue Zeit an Londoner Unternehmen.

1927

DIE QUARZUHR

1880 entdeckten die französischen Physiker und Brüder **JACQUES** und **PIERRE CURIE**, dass sich im Quarzkristall eine elektrische Ladung erzeugen lässt. Fast 50 Jahre später wurde die erste Quarzuhr mit einer Batterie erfunden, die Schwingungen in einer bestimmten Frequenz anregte.

1955

DIE ATOMUHR

Die Idee, Atome zur Zeitmessung zu verwenden, kam erstmals 1879 auf. 76 Jahre später baute der britische Physiker **LOUIS ESSEN** die erste genaue Atomuhr. Heute sind Atomuhren aufgrund ihrer Genauigkeit und Zuverlässigkeit ein wichtiger Bestandteil von GPS-Navigationssystemen.

DER NAVIGATIONSRAUM

AUF DEM RICHTIGEN WEG

Wo geht's lang? Ob zu Fuß zu einem Freund oder mit dem Flugzeug in ein anderes Land, es ist wichtig zu wissen, in welche Richtung du dich bewegen musst. Von der Verwendung des ersten magnetischen Kompasses um 206 v. Chr. bis zur Bestimmung unseres genauen Standorts mit Hilfe von GPS heute haben wir eine lange Reise hinter uns.

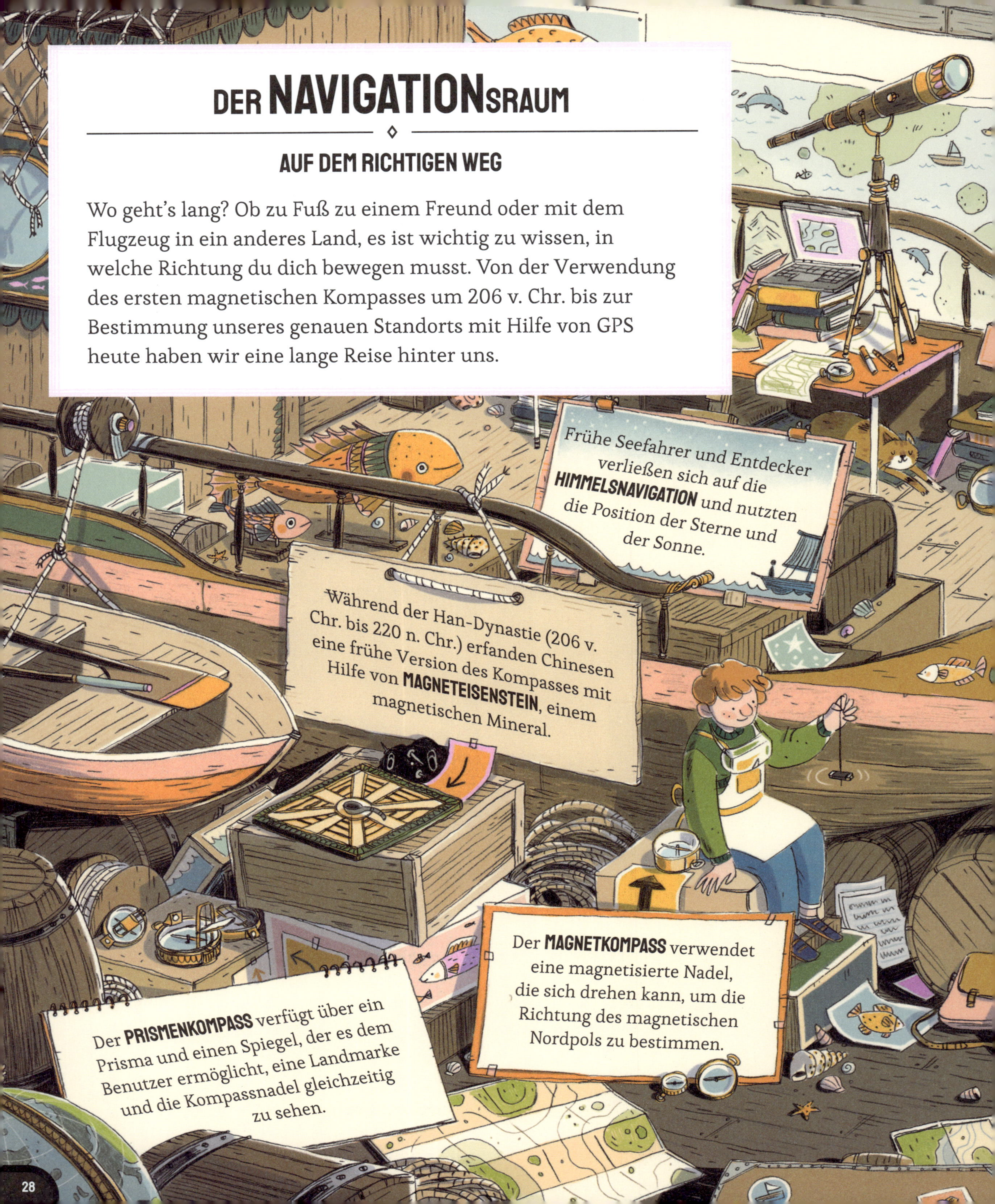

Frühe Seefahrer und Entdecker verließen sich auf die **HIMMELSNAVIGATION** und nutzten die Position der Sterne und der Sonne.

Während der Han-Dynastie (206 v. Chr. bis 220 n. Chr.) erfanden Chinesen eine frühe Version des Kompasses mit Hilfe von **MAGNETEISENSTEIN**, einem magnetischen Mineral.

Der **PRISMENKOMPASS** verfügt über ein Prisma und einen Spiegel, der es dem Benutzer ermöglicht, eine Landmarke und die Kompassnadel gleichzeitig zu sehen.

Der **MAGNETKOMPASS** verwendet eine magnetisierte Nadel, die sich drehen kann, um die Richtung des magnetischen Nordpols zu bestimmen.

In der Mitte des 19. Jahrhunderts wurde ein **FLÜSSIGKEITSGEDÄMPFTER KOMPASS** erfunden, dessen Nadel in einem flüssigkeitsgefüllten Gehäuse aufgehängt war, um die Schwingungen zu reduzieren – nützlich auf Schiffen, die den Wellen ausgesetzt sind.

Häufig auf Schiffen und U-Booten zu finden: Der **KREISELKOMPASS** nutzt ein Gyroskop, um die Erdrotation zu erkennen und Norden zu bestimmen.

Der **PLATTENKOMPASS** besteht aus einer flachen, rechteckigen Basis, in deren Mitte ein Kompass befestigt ist. Kompakt und einfach zu benutzen, ist er bei Wanderern beliebt.

Der **DAUMENKOMPASS** ist ein kleiner leichter Kompass, der zwischen Daumen und Zeigefinger gehalten wird.

In den 1950er-Jahren begann die Entwicklung der **GPS-TECHNOLOGIE** – ein Navigationsinstrument, das sich auf Satellitensignale stützt. Das **G**lobal **P**ositioning **S**ystem ist sehr genau und kann in Echtzeit Informationen zu Navigation und Ortung liefern.

AUF SPUTNIKS SPUR

Bei der Überwachung des russischen Satelliten Sputnik beobachteten amerikanische Wissenschaftler, dass die Frequenz der Funksignale zunahm, wenn sich der Satellit näherte, und abnahm, wenn er sich entfernte. Dieses Phänomen – bekannt als Doppler-Effekt – half ihnen, den Standort des Satelliten zu bestimmen.

1957

GESCHICHTE DER SATELLITENNAVIGATION

Früher beobachteten die Menschen den Sternenhimmel, um die Richtung zu bestimmen. Heute kommen unsere Navigationsinformationen immer noch aus dem Himmel – allerdings von Satelliten.

BREITE ANWENDUNG

In den 1990er-Jahren wurde GPS auch für die Nutzung **AUßERHALB DES US-MILITÄRS** freigegeben. Ziel war es, die Sicherheit im Luftverkehr und die Navigation zu verbessern, aber das genaueste Signal blieb der militärischen Nutzung vorbehalten. Auch China (BeiDou) im Jahr 2000 und die Europäische Union (Galileo) im Jahr 2016. entwickelten Satellitennavigationssysteme.

1983

SOFORTIGE ORTUNG

Im Jahr 2000 wurde **GPS** komplett unverschlüsselt der Öffentlichkeit zugänglich gemacht. GPS-Empfänger wie Telefone und Autos bestimmen ihren Standort anhand der Funksignale, die von mindestens vier der 31 GPS-Satelliten in der Erdumlaufbahn empfangen werden. Die Empfänger stellen fest, wann ein Signal gesendet wurde, und berechnen dann unter Einbeziehung der Lichtgeschwindigkeit den Standort.

1990ER

TRANSIT

Der erste Satellit für das Navigationssystem Transit wurde ins All geschickt. Transit wurde vom Johns Hopkins University Applied Physics Laboratory entwickelt und betrieb bis 1968 **36 SATELLITEN** mit einer Genauigkeit von etwa 25 Metern.

1960

EINE NEUE DIMENSION

Die Amerikaner James Woodford und Hideyoshi Nakamura entwickelten ein System, das mit Hilfe von vier Satelliten die **DREIDIMENSIONALE POSITION** misst. Zuvor waren nur zweidimensionale Informationen verfügbar.

1966

NAVSTAR

Ein Satellitennavigationssystem namens NAVSTAR wurde für das US-Militär eingeführt. Hochpräzise Atomuhren sandten von Satelliten aus ihre Signale zur Erde. So konnten Empfänger Zeit und Standort berechnen. Später wurde es in **GPS** umbenannt.

1970ER

WIE FUNKTIONIERT SATELLITENNAVIGATION?

Eine Konstellation von **SATELLITEN** umkreist die Erde. Sie sendet präzise Signale aus, mit denen Empfänger ihre Zeit und ihren Standort bestimmen können.

BODENSTATIONEN verfolgen und überwachen die Navigationssatelliten und senden Daten und Befehle an sie zurück.

EMPFÄNGER, beispielsweise Telefone, nutzen die Signale von vier oder mehr Satelliten, um ihren Standort zu berechnen.

FRAUEN IN DER NAVIGATION

Frauen haben sowohl durch ihre Forschung als auch durch ihre Arbeit in verwandten Gebieten wie Astronomie, Mathematik und Informatik einen wichtigen Beitrag zur Navigation und zur Entwicklung von Hilfsmitteln wie Kompass und GPS geleistet.

HYPATIA VON ALEXANDRIA

Die griechische Mathematikerin und Astronomin Hypatia von Alexandria baute ein **ASTROLABIUM**, ein Gerät zur Messung der Position von Himmelskörpern, wichtig für Navigation und Astronomie.

400

CAROLINE HERSCHEL

Caroline Herschel war eine deutsche Astronomin, die einen **STERNENKATALOG** für die Navigation entwickelte. Sie war auch die erste Frau, die einen Kometen entdeckte.

1798

GLADYS WEST

Die amerikanische Mathematikerin Gladys West leistete einen wichtigen Beitrag zur Entwicklung des **GPS**. Sie arbeitete daran, GPS genauer und zuverlässiger zu machen, indem sie herausfand, wie Form und Schwerkraft der Erde das System beeinflussen. Im Jahr 2018 wurde sie in die Air Force Space and Missile Pioneers Hall of Fame aufgenommen.

1970ER–80ER

JANET TAYLOR

Die englische Geschäftsfrau, Astronomin und Mathematikerin Janet Taylor war ein wahres **MULTITALENT**. Sie entdeckte, dass die Erde nicht kugelförmig, sondern sphäroidisch ist – ein Unterschied, der für die Erstellung detaillierter Karten sehr wichtig war.

1833

HEDY LAMARR

Hedy Lamarr war eine in Österreich geborene amerikanische Schauspielerin und Erfinderin, die während des Zweiten Weltkriegs an einem **FREQUENZSPRUNGVERFAHREN** arbeitete. Es ging darum, schnell zwischen verschiedenen Funkfrequenzen zu wechseln. Zwar wurde die Technologie während des Krieges nicht eingesetzt, die grundlegenden Prinzipien wurden aber später in anderen Anwendungen (drahtlose Kommunikation, GPS) genutzt.

1942

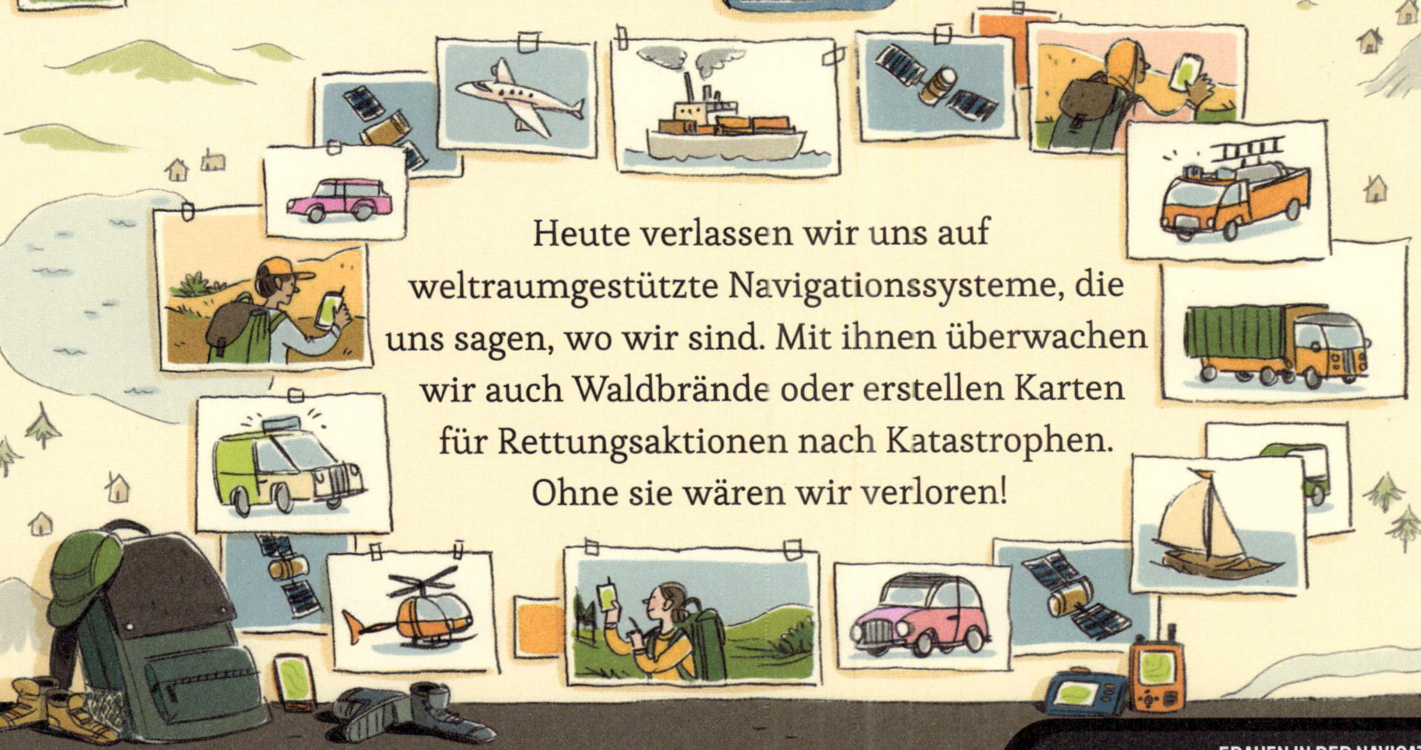

Heute verlassen wir uns auf weltraumgestützte Navigationssysteme, die uns sagen, wo wir sind. Mit ihnen überwachen wir auch Waldbrände oder erstellen Karten für Rettungsaktionen nach Katastrophen. Ohne sie wären wir verloren!

DER MASCHINENRAUM

FORTSCHRITTSMOTOR

Unsere moderne Welt ist voller Motoren. Viele arbeiten, ohne dass wir sie sehen, wie die in Autos und Flugzeugen, aber wir können sie überall um uns herum hören. Die Umwandlung von Energie in mechanische Bewegung ist das Prinzip der Dampfmaschine von Watt (1769) oder des Dieselmotors von 1897. Beide liefern effiziente Energie für viele verschiedene Zwecke.

Später wurden **DAMPFMOTOREN** in Fabriken und Mühlen eingesetzt, um Maschinen aller Art anzutreiben, und im Transportwesen bei Zügen und Dampfschiffen.

Die Dampfmaschine wurde durch den **VERBRENNUNGSMOTOR** ersetzt. Der nutzt ein Gemisch aus Kraftstoff und Luft, um Energie zu erzeugen.

Der **ELEKTRISCHE ANLASSER** revolutionierte die Autoindustrie, weil er die Handkurbel zum Starten eines Motors überflüssig machte.

Für den **FLUGZEUGMOTOR** wird Luft komprimiert, mit Kraftstoff vermischt und das Gemisch gezündet. Dieser heiße Hochgeschwindigkeits-Gasstrahl treibt ein Flugzeug vorwärts.

RAKETENTRIEBWERKE treiben Raumfahrzeuge in den Weltraum, indem sie Treibstoff und ein Oxidationsmittel in einer Brennkammer mischen und explodieren lassen. Die so erzeugten heißen Abgase werden durch eine Düse geleitet, um Schub zu erzeugen.

GESCHICHTE DES MOTORS

Die Dampfmaschine erlebte über einen Zeitraum von 100 Jahren eine außergewöhnliche Entwicklung, aber die Technologie entwickelte sich mit der Erfindung des ersten Verbrennungsmotors bald in andere Richtungen.

DIE ERSTE DAMPFMASCHINE

Der englische Ingenieur **THOMAS SAVERY** ließ die erste Dampfmaschine – zum Abpumpen von Wasser aus Kohlebergwerken – patentieren. Sie konnte aber nur Wasser aus geringer Tiefe fördern.

1698

DER FLUGKOLBENMOTOR

Der englische Erfinder **THOMAS NEWCOMEN** verbesserte die Dampfmaschine von Savery, aber seine Erfindung verschwendete Kraftstoff zum stetigen Aufheizen und Abkühlen des Zylinders, in dem die im Dampf gespeicherte Kraft in Bewegung umgewandelt wurde.

1712

DIE MODERNE DAMPFMASCHINE

Der schottische Ingenieur **JAMES WATT** erkannte, dass er Newcomens Dampfmaschine effizienter machen konnte, indem er eine separate Kondensationskammer oder einen Zylinder schuf, in dem der Dampf kondensiert werden konnte, ohne dass der Rest der Maschine gekühlt werden musste.

1769

Über 100 Jahre lang war Dampf die vorherrschende Kraftquelle für Maschinen. Aber Dampfmaschinen zu betreiben war energie- und kostenintensiv. Die Erfindung des Verbrennungsmotors setzte ihr nach und nach ein Ende.

Verbrennungsmotoren wandeln die Wärmeenergie des verbrannten Kraftstoffs direkt in mechanische Energie um.

VERBRENNUNGSMOTOR

1807

DER ERSTE SCHIFFSMOTOR

Die französischen Erfinder **NICÉPHORE NIÉPCE** und sein Bruder **CLAUDE** erhielten das erste Patent für eine Schiffsmaschine. Dieser Motor wurde mit kontrollierten Staubexplosionen betrieben und auf einem Boot auf der Saône in Frankreich eingesetzt.

1808

DER ERSTE AUTOMOBILMOTOR

Der französisch-schweizerische Erfinder **FRANÇOIS ISAAC DE RIVAZ** entwickelte einen wasserstoffbetriebenen Verbrennungsmotor mit elektrischer Zündung und baute ihn in ein Fahrzeug mit Rädern ein.

Der belgisch-französische Ingenieur **ÉTIENNE LENOIR** machte 50 Jahre später de Rivaz Erfindung zu einem Geschäftserfolg.

1876

DER VIERTAKT-VERBRENNUNGSMOTOR

Der deutsche Ingenieur **NIKOLAUS OTTO** baute den ersten benzinbetriebenen Motor mit einem Viertakt-Verbrennungszyklus. Der Motor durchläuft diese Abfolge und wiederholt sie, solange das Gaspedal gedrückt wird.

1892–97

DER DIESELMOTOR

Der nach dem deutschen Ingenieur **RUDOLF DIESEL** benannte Dieselmotor erwies sich als effizienter als der Benzinmotor, da er Luft ansaugt, sie komprimiert und dann Kraftstoff in die komprimierte Luft einspritzt. Die Hitze der komprimierten Luft entzündet den Kraftstoff spontan, sodass keine Funken erzeugende Zündkerze benötigt wird wie beim Verbrennungsmotor, um das Kraftstoffgemisch zu entzünden.

FABRIKARBEIT

Städte und Gemeinden entstanden rund um Fabriken, in denen **WATTS** Dampfmaschine die Grundlage für den Lebensunterhalt vieler Menschen schuf. Diese Fabriken förderten zwar die lokale und nationale Entwicklung, aber auf der anderen Seite waren lange Arbeitszeiten, schlechte Sicherheitsbedingungen und niedrige Löhne weit verbreitet.

19. JH.

WAS MOTOREN BEWIRKTEN

Bevor es die Dampfkraft gab, wurde alles von Menschenkraft oder mit Hilfe von Tieren bewegt. Stell dir vor, wie viele Pferde nötig wären, um einen Güterzug zu ziehen oder als Energieträger für eine ganze Fabrik!

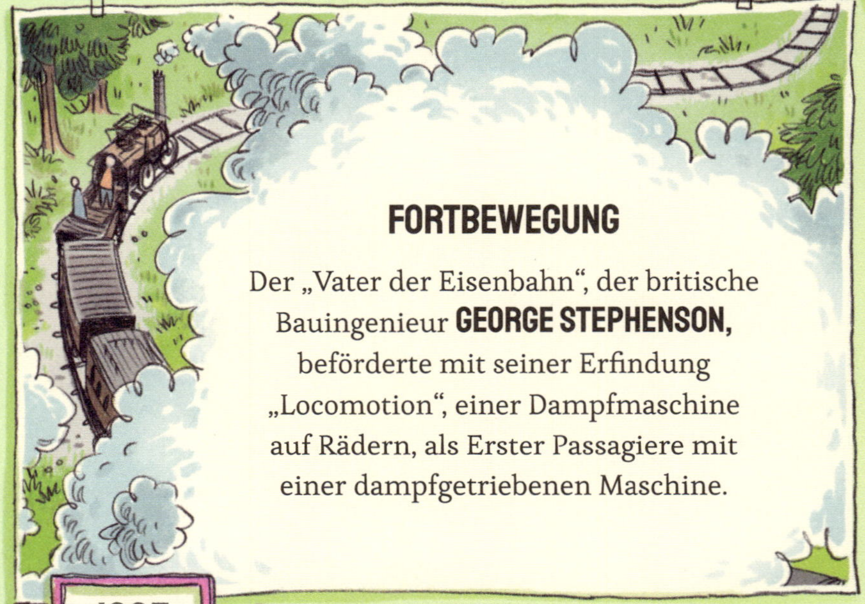

FORTBEWEGUNG

Der „Vater der Eisenbahn", der britische Bauingenieur **GEORGE STEPHENSON,** beförderte mit seiner Erfindung „Locomotion", einer Dampfmaschine auf Rädern, als Erster Passagiere mit einer dampfgetriebenen Maschine.

1825

ZEITERSPARNIS

Dampfmaschinen mussten regelmäßig geölt werden, aber das ging nicht während der Fahrt. Also musste die Fahrt oft unterbrochen werden. Der aus den USA stammende Ingenieur **ELIJAH J. McCOY** erfand eine geniale Methode, um Züge während der Fahrt zu ölen: eine automatische Schmiervorrichtung.

1872

WIE FUNKTIONIERTE DIE DAMPFMASCHINE VON WATT?

ÜBERSEETRANSPORTE

Bevor es das Dampfschiff gab, wurden die meisten Waren mit windgetriebenen und deshalb wetterabhängigen Segelschiffen transportiert. Ein dampfgetriebenes Schiff wie **ROBERT FULTONS** Clermont änderte jedoch alles. Mit einer leistungsstarken Maschine war es möglich, unabhängig vom Wetter zu reisen.

1807

LUFTVERSCHMUTZUNG

Die Erste industrielle Revolution auf der Grundlage fossiler Energie trug sehr zur Umweltverschmutzung bei. Die amerikanische Erfinderin **MARY WALTON** entwickelte schon 1879 eine Filtermethode, die die Abgase aus Fabrik- und Hausschornsteinen in Wassertanks umleitete, wo sie zunächst gelagert und später in die städtischen Abwassersysteme unschädlich abgeleitet werden konnten.

1879

DAS FOTOSTUDIO

DIE WELT ANDERS SEHEN

Anders als früher haben die meisten Menschen heutzutage dank ihrer Smartphones stets eine Kamera dabei. Das Wort „Kamera“ kommt vom lateinischen „camera obscura“, was „dunkle Kammer“ bedeutet. Das liegt daran, dass die ersten Versuche, Bilder aufzunehmen, gegen 400 v. Chr. in einem abgedunkelten Raum stattfanden. Werfen wir einen Blick durch die Linse und schauen uns das mal an …

Frühe Zivilisationen nutzten ein sehr einfaches optisches Gerät, die **CAMERA OBSCURA**, um reale Szenen oder Objekte auf eine Fläche oder Wand zu projizieren.

Jedes mit einer **DAGUERREOTYPIE-KAMERA** aufgenommene Foto war ein Unikat auf einem versilberten Kupferblech.

Die **KODAK** war eine einfache Boxkamera, die mit einem eingelegten Rollfilm bestückt war.

Die meisten Kameras waren schwer oder brauchten ein Stativ. Deshalb war die kleine, tragbare **LEICA** für Journalist*innen eine bahnbrechende Neuerung.

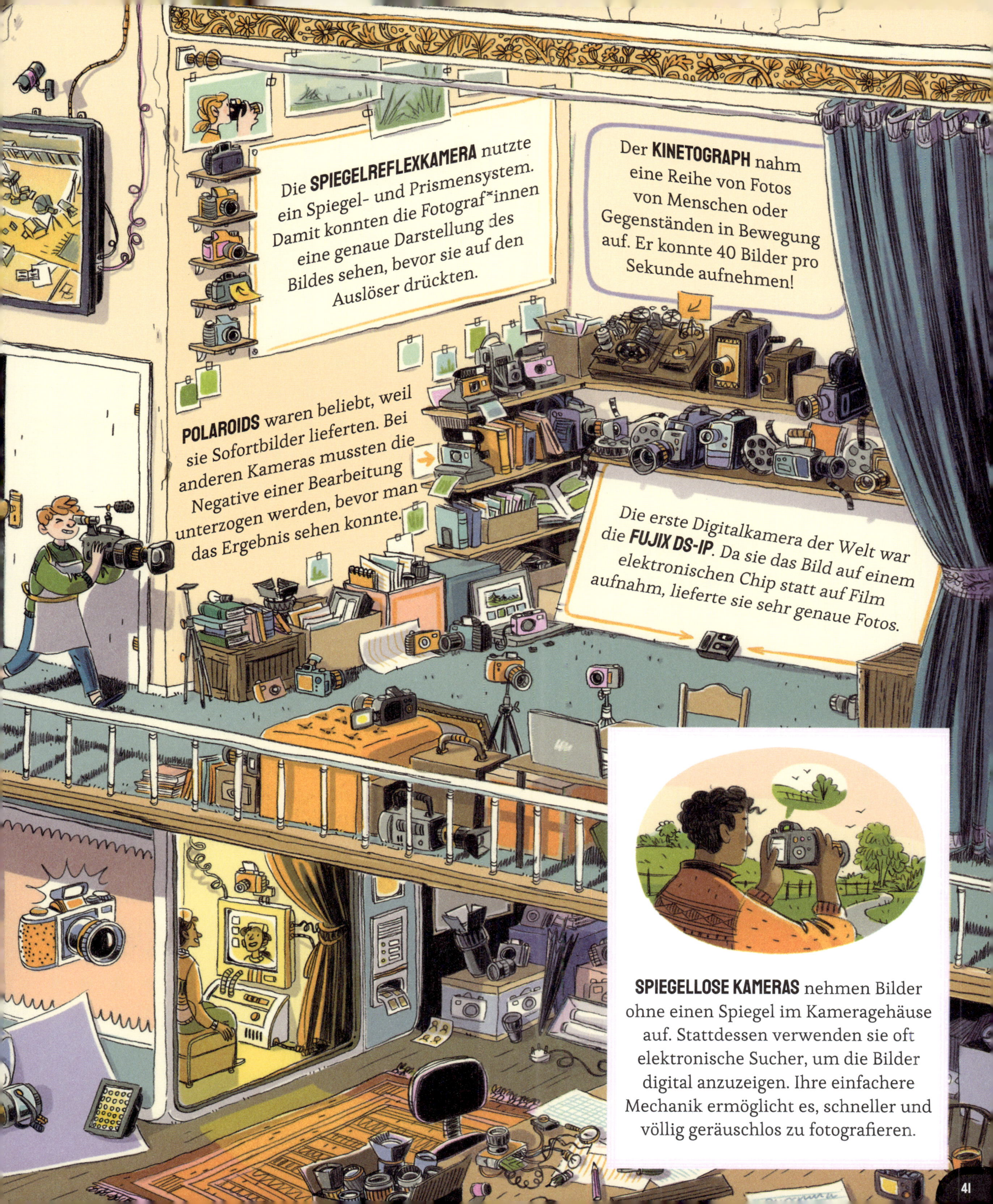

Die **SPIEGELREFLEXKAMERA** nutzte ein Spiegel- und Prismensystem. Damit konnten die Fotograf*innen eine genaue Darstellung des Bildes sehen, bevor sie auf den Auslöser drückten.

Der **KINETOGRAPH** nahm eine Reihe von Fotos von Menschen oder Gegenständen in Bewegung auf. Er konnte 40 Bilder pro Sekunde aufnehmen!

POLAROIDS waren beliebt, weil sie Sofortbilder lieferten. Bei anderen Kameras mussten die Negative einer Bearbeitung unterzogen werden, bevor man das Ergebnis sehen konnte.

Die erste Digitalkamera der Welt war die **FUJIX DS-IP**. Da sie das Bild auf einem elektronischen Chip statt auf Film aufnahm, lieferte sie sehr genaue Fotos.

SPIEGELLOSE KAMERAS nehmen Bilder ohne einen Spiegel im Kameragehäuse auf. Stattdessen verwenden sie oft elektronische Sucher, um die Bilder digital anzuzeigen. Ihre einfachere Mechanik ermöglicht es, schneller und völlig geräuschlos zu fotografieren.

DIE CAMERA OBSCURA

Der chinesische Philosoph **MOZI** schrieb als Erster über den Vorläufer der modernen Kamera: die Camera obscura. Er entdeckte, dass, wenn das Licht eines beleuchteten Objekts durch ein stecknadelgroßes Loch in einen dunklen Raum fällt, ein auf dem Kopf stehendes Bild des Objekts entsteht.

WIE FUNKTIONIERT DIE CAMERA OBSCURA?

Die Camera obscura besteht aus einem lichtdichten **KASTEN** mit einem winzigen Loch in einer Seite.

Das **MOTIV** ist das Objekt oder die Szene, auf die dieses Loch ausgerichtet ist.

LICHTSTRAHLEN verlaufen geradlinig. Das kleine **LOCH** wirkt wie eine Blende.

Ein **AUF DEM KOPF STEHENDES BILD** des Motivs wird auf die **INNENWAND** gegenüber dem Loch projiziert.

400 V. CHR.

GESCHICHTE DER KAMERA

Die Geschichte der Kamera kann bis ins antike China zurückverfolgt werden. Seit ihren Anfängen als einfache Camera obscura hat die Technologie über die Jahrhunderte einen langen Weg mit zahlreichen Verbesserungen zurückgelegt.

DAGUERREOTYPIE

Nach dem Tod von Niépce im Jahr 1833 entdeckte **LOUIS DAGUERRE**, dass eine mit Silberjodid beschichtete Kupferplatte in einer Camera obscura belichtet und das Bild auf der Platte mit Quecksilberdampf entwickelt werden konnte. Der Prozess dauerte nur etwa 30 Minuten statt der früheren acht Stunden.

1839

DIE KODAK-KAMERA

Der amerikanische Unternehmer **GEORGE EASTMAN** führte die Kodak ein – die erste Kamera, die einen Rollfilm verwendete. Nach der Aufnahme von 100 Bildern wurde die ganze Kamera an die Kodak-Fabrik zurückgeschickt, um den Film entwickeln zu lassen. Der Kunde bekam seine Abzüge und eine neu geladene Kamera. Sie wurde mit dem Slogan „Du drückst den Knopf, wir machen den Rest“ vermarktet.

1888

DIE ERSTE TRAGBARE CAMERA OBSCURA

Der deutsche Forscher und Mathematiker **JOHANN ZAHN** entwarf die erste tragbare Camera obscura. Sein Buch von 1685 enthielt Skizzen, die einen Spiegelreflex-Mechanismus mit Glaslinsen, Spiegeln und einem Kasten zeigten, mit deren Hilfe ein umgekehrtes Bild erfasst und projiziert werden konnte. Es blieb jedoch bei den Entwürfen. Erst 150 Jahre später wurden sie in die Realität umgesetzt.

1680ER

DIE ERSTE FOTOGRAFIE

Der französische Erfinder **NICÉPHORE NIÉPCE** löste Judäa-Bitumen (eine Art Pech) in einem Lösungsmittel auf und beschichtete damit eine Zinnplatte. Das Bitumen härtete aus, nachdem es in einer Camera obscura dem Licht ausgesetzt wurde. Anschließend wurde die Platte in Lavendelöl gewaschen, um das nicht belichtete weiche Bitumen zu entfernen. Zurück blieb – nahezu magisch – das erste Foto der Welt!

1826

DER UV-SPEKTOGRAPH

Ende der 1960er-Jahre entwickelte der amerikanische Ingenieur **GEORGE CARRUTHERS** eine Kamera, die ultraviolettes Licht nutzte, um die Atmosphäre der Erde, der Sterne und Gase im Weltraum zu untersuchen. 1970 entdeckte man mit ihr bei einem Flug erstmals molekularen Wasserstoff im Weltraum!

1966

DIE ERSTE DIGITALKAMERA

Der amerikanische Kodak-Ingenieur **STEVEN J. SASSON** erfand die erste Digitalkamera. Die Kamera hatte die Größe eines Toasters und lieferte wenig kontrastreiche Schwarzweiß-Bilder, ebnete aber den Weg für die digitale Fotografie.

1975

FRAUEN HINTER DER KAMERA

In den 1920er-Jahren entwickelte sich ein moderneres Frauenbild. Mit dem Streben nach Unabhängigkeit und Selbstbestimmung griffen die Frauen auch zur Kamera – und setzten mit ihrer Experimentierfreude Maßstäbe.

DOROTHEA LANGE

Dorothea Lange arbeitete in den 1920er-Jahren als Porträtfotografin in San Francisco. Während der Weltwirtschaftskrise verließ sie ihr Studio, um die Härten des wirtschaftlichen Niedergangs zu dokumentieren. Langes Foto *Migrant Mother* gehört zu den bekanntesten Fotografien der Welt. Sie war eine der wichtigsten Vertreterinnen der **SOZIALKRITISCHEN DOKUMENTARFOTOGRAFIE**.

1920ER

GERMAINE KRULL

Die in Deutschland geborene Germaine Krull war eine **PIONIERIN DER AVANTGARDE-FOTOGRAFIE,** einem Stil, bei dem die Künstler Grenzen überschreiten und mit innovativen Techniken experimentieren. Bekannt wurde Krull durch ihr Fotobuch *Métal* aus dem Jahr 1928, in dem sie Bauwerke wie den Pariser Eiffelturm in Nahaufnahme und aus unerwarteten Winkeln abbildete.

1928

HOMAI VYARAWALLA

Homai Vyarawalla begann ihre Karriere in den 1930er-Jahren und wurde **INDIENS ERSTE FOTOJOURNALISTIN**. Zunächst arbeitet sie für die Zeitung Bombay Chronicle und zog später in die Hauptstadt Neu-Delhi. Dort wurde sie oft mit ihrer Kamera auf dem Fahrrad gesehen. Ihre Arbeit erregte bald landesweite Aufmerksamkeit und im Laufe der Jahre schuf sie einige der berühmtesten Bilder in der Geschichte des Landes.

1930ER

FLORESTINE PERRAULT COLLINS

Florestine Perrault Collins wurde 1895 in New Orleans geboren. Sie brach mit sechs Jahren die Schule ab, um Geld für ihre Familie dazuzuverdienen. Acht Jahre später begann sie mit der Fotografie und eröffnete 1934 ein Fotostudio. In den folgenden Jahren wurde sie für ihre **WÜRDEVOLLEN PORTRÄTS SCHWARZER MENSCHEN** bekannt, die den rassistischen Vorstellungen der damaligen Zeit entgegentraten.

1934

LOLA ÁLVAREZ BRAVO

Die in Jalisco in Mexiko geborene Lola Álvarez Bravo gehörte dem gleichen künstlerischen Kreis an wie die berühmte mexikanische Malerin Frida Kahlo. Nach der Trennung von ihrem Mann wandte sie sich der Fotografie zu, um den Lebensunterhalt für sich und ihren Sohn zu verdienen. Sie wurde zu einer Pionierin des **MEXIKANISCHEN MODERNISMUS** und experimentierte mit Fotomontagen, also der Kombination von zwei oder mehr Fotos (oder Teilen davon) zu einem einzigen Bild.

1937

DIE MUSIKBOX

EINE NEUE ART DES ZUHÖRENS

Von den bescheidenen Anfängen des Grammophons von 1887 bis zum heutigen Streaming: Musikabspielgeräte haben die Art und Weise, wie wir Musik hören, verändert. Früher war der Besuch von Live-Auftritten oder das Selbstspielen eines Instruments die einzige Möglichkeit, Musik zu hören. Seit der Erfindung von Musikabspielgeräten, wie du sie hier kennenlernst, können Menschen Musik genießen, wann und wo immer sie wollen.

Das erste Musikabspielgerät – die **SPIELDOSE** – erzeugte Töne, indem Stifte auf einer sich drehenden Walze Metallzungen zum Klingen brachten.

Der **PHONOGRAPH** war das erste Gerät, das Musik sowohl aufnehmen als auch wiedergeben konnte.

Ein **GRAMMOPHON** war eine Art Phonograph, aber anstelle von Zylindern für die Tonaufnahme und -wiedergabe wurden Scheiben verwendet, die später „Schallplatten“ genannt wurden.

RADIOS übertrugen Nachrichten und Musik zu den Menschen nach Hause.

Die batteriebetriebene **BOOMBOX** hatte integrierte leistungsstarke Lautsprecher. Häufig auf der Schulter getragen und mit aufgedrehter Lautstärke war man damit kaum zu überhören.

Der **WALKMAN** war ein tragbares, mit Kopfhörern ausgerüstetes Kassettengerät zum Musikhören und -aufnehmen.

In einen **CD-PLAYER** legte man eine dünne, runde Speicherplatte ein, auf die fast 80 Minuten Musik gespeichert werden konnten.

Der **MP3-PLAYER** war ein tragbares digitales Gerät, das Tausende Songs speichern konnte.

Mit **SMARTPHONES** kann man heute über Streamingdienste Millionen von Songs jederzeit und überall hören.

GESCHICHTE DER MUSIKPLAYER

Die meisten von uns können sich ein Zuhause ohne Musik nur schwer vorstellen. Aber früher war das die Normalität. Von den 1850er-Jahren bis heute ist die Entwicklung von Musikabspielgeräten rasant fortgeschritten.

DER PHONAUTOGRAPH

Die Geschichte der Tonaufnahme begann mit dem französischen Drucker und Erfinder **ÉDOUARD-LÉON SCOTT DE MARTINVILLE**. Mit seiner Maschine, dem Phonautograph, konnten Schallwellen auf Papier aufgezeichnet und später transkribiert werden. Abspielen konnte man die aufgezeichneten Töne nicht, aber seine – kommerziell nicht erfolgreiche – Maschine war für andere Erfinder hilfreich.

1857

WIE FUNKTIONIERTE DAS GRAMMOPHON?

Grammophone lasen den Ton mit einer kleinen **NADEL** ab, die in die Rille der Schallplatte passte.

Die Nadel war an einer Membran im Inneren der **SCHALLDOSE** befestigt.

Eine **HANDKURBEL**, verbunden mit einem **FEDERBETRIEBENEN MOTOR** im Inneren, versetzte die Schallplatte in Drehung.

Während sich die Schallplatte drehte, ließen ihre **RILLEN** die Nadel hin und her schwingen.

Diese Vibrationen wurden auf die **MEMBRAN** übertragen, die ebenfalls vibrierte und so Töne erzeugte.

Dieser Klang wurde dann aus dem **SCHALLTRICHTER** herausgeleitet.

DAS RADIO

Der italienische Ingenieur **GUGLIELMO MARCONI** entdeckte als Erster, wie man Radiowellen zur Übertragung von Signalen nutzen kann. Die durch andere Wissenschaftler*innen stetig weiterentwickelte innovative Technologie führte zu bahnbrechenden Kommunikationsmitteln. In den 1920er-Jahren stieg das Interesse am Besitz eines Radios. Denn so konnte jeder bequem von zu Hause aus Musik hören und Informationen bekommen.

1895

DER PHONOGRAPH

Der amerikanische Erfinder **THOMAS EDISON** erfand den Phonographen, das erste Gerät, das Töne sowohl aufzeichnen als auch wiedergeben konnte. Der Phonograph benutzte einen mit Zinnfolie umwickelten, rotierenden Zylinder, in den eine Nadel Rillen ritzte, die Schallwellen darstellten. Wenn die Walze abgespielt wurde, konnte die Nadel die ursprünglichen Töne wiedergeben.

1877

DAS GRAMMOPHON

Der Deutsch-Amerikaner **EMIL BERLINER** hob den Phonographen auf die nächste Stufe. Sein Grammophon nutzte eine flache Scheibe oder „Schallplatte“ (zunächst aus Glas und Zink, später aus Vinyl), die mit einer Wachsschicht überzogen war, als Schallträger. Die Tonqualität des Grammophons überzeugte und es wurde zum dominierenden Musikabspielgerät des frühen 20. Jahrhunderts.

1887

BURNS UND ALLEN

Die amerikanische Sängerin und Schauspielerin **GRACIE ALLEN** hatte ihren ersten Radioauftritt live bei der BBC in London. Durch ihre Radioauftritte zusammen mit ihrem Mann George Burns als Duo Burns and Allen wurden die beiden als eines der lustigsten Paare in der Geschichte der Comedy international bekannt.

1929

EPOCHALE RADIOSENDUNGEN

Mit dem Radio konnten Menschen zeitgleich z. B. Sport- oder Musikereignissen miterleben, ohne vor Ort zu sein. Es ermöglichte die weltweite Übertragung von Nachrichten und Unterhaltung.

DIE REDE DES KÖNIGS

Der britische König **GEORGE VI.** hielt am 3. September seine allererste Radioansprache, in der er den Beginn des Zweiten Weltkriegs verkündete. Die Rede sollte den Menschen in einer Zeit großer Ängste Mut machen. Sie war umso bemerkenswerter, als der König seit seiner Kindheit sein Stottern zu bekämpfen hatte, die Rede aber dennoch meisterte, was ihm großen Respekt in Politik und Öffentlichkeit einbrachte.

1939

HINDENBURG-KATASTROPHE

Am 6. Mai sollte der deutsche Zeppelin LZ 129 Hindenburg mit seinen Passagieren auf einem Luftschiffhafen in New Jersey landen. Es war das erste transatlantische Luftschiff, das in diesem Jahr in den USA ankam. Deshalb waren Journalisten anwesend, unter ihnen auch **HERBERT MORRISON**, ein amerikanischer Reporter eines Radiosenders in Chicago. Beim Anlegen fing die Hindenburg Feuer und 35 der 97 Menschen an Bord und ein Mitglied des Bodenpersonals kamen ums Leben. Morrison war der einzige anwesende Radioreporter und berichtete live und unter Tränen. Es war der erste Live-Bericht über ein wichtiges Nachrichtenereignis.

1937

KRIEG DER WELTEN

War of the Worlds war eine Hörspieladaption des Science-Fiction-Romans von H. G. Wells durch den amerikanischen Schauspieler und Regisseur **ORSON WELLES** im Stil einer Radioreportage. Die Ausstrahlung am 30. Oktober sorgte bei vielen Hörern für Entsetzen. Sie glaubten, dass es sich um eine echte Nachrichtensendung handelte und eine tatsächliche Invasion von Marsmenschen auf der Erde stattfand.

1938

„I HAVE A DREAM“-REDE

Der amerikanische Bürgerrechtler **MARTIN LUTHER KING JR.** hielt in Washington am 28. August 1963 seine berühmte Rede für die Gleichstellung der Afroamerikaner. Nationale Radiosender schickten seine Worte in die Wohnzimmer aller Nordamerikaner und später über die ganze Welt. Mit dem Aufkommen der Massenmedien ließen sich erstmals in Echtzeit Botschaften weit verbreiten.

1963

DER **FAHRRAD**LADEN

EINE NEUE ART DER FORTBEWEGUNG

Der Wind bläst dir ins Gesicht, deine Hände umfassen den Lenker, und deine Beine treten kräftig in die Pedale ... Dieses Gefühl von Freiheit gibt es nur auf zwei Rädern. Entdecke bahnbrechende historische Fahrräder: das Veloziped aus dem Jahr 1865, mit dem auch normale Leute unkompliziert reisen konnten, oder das Niederrad aus dem Jahr 1885, das Frauenrechtlerinnen bei ihrem Kampf um Gleichberechtigung half.

Die **DRAISINE** war eines der frühesten Fahrräder. Sie hatte keine Pedale. Die Fahrer bewegten sich durch Gehen oder Laufen vorwärts.

Das **VELOZIPED** hatte erstmals Pedale – allerdings am Vorderrad. Mit seinen hölzernen, eisenbeschlagenen Rädern war es unbequem und wurde auch „Knochenbrecher“ genannt.

Das **HOCHRAD** fuhr sich dank seines großen Vorderrads ruhiger – zumindest bis die Fahrer durch eine größere Bodenwelle vom Rad abgeworfen wurden!

NIEDERRÄDER hatten eine Kette und Gangschaltung. Die Kette wechselte zwischen den Zahnrädern, um entweder die Geschwindigkeit zu erhöhen oder die Kraft zu steigern. Bremsen halfen dabei, sicher zum Stehen zu kommen.

Die heutigen **RENNRÄDER** sind aus leichten Materialien wie Aluminium oder Karbonfasern hergestellt.

MOUNTAINBIKES haben breite Reifen mit Noppen für mehr Grip.

KLAPPRÄDER können zusammengeklappt werden. So sind sie leichter zu transportieren oder unterzubringen, wenn man sie gerade nicht fährt.

Das **ELEKTROFAHRRAD** wird zusätzlich zur Muskelkraft von einem Elektromotor angetrieben und erspart dir, dich beim Radfahren groß anzustrengen.

DER RÄTSELHAFTE FALL DER „LEONARDO-FAHRRAD"-SKIZZE

Dem italienischen Künstler und Erfinder Leonardo da Vinci wurde zugeschrieben, das erste Fahrrad gezeichnet zu haben. Die Zeichnung in seiner Skizzen- und Schriftensammlung aus den Jahren 1478 bis 1519 wurde aber in den 1960er-Jahren als Fälschung entlarvt. Bis heute weiß niemand, wer der Fälscher war!

1492

GESCHICHTE DES FAHRRADS

Die Frage „Wer hat das Fahrrad erfunden?" ist kaum zu beantworten. Viele Menschen haben im Laufe der Jahre Ideen beigesteuert, die das Fahrrad zu dem großartigen Verkehrsmittel gemacht haben, das es heute ist.

DAS HOCHRAD

Inspiriert von dem Fahrrad mit einem übergroßen Vorderrad des Franzosen Eugène Meyer baute auch der englische Erfinder **JAMES STARLEY** ein Hochrad, das wegen seiner unterschiedlich großen Räder **PENNY-FARTHING** genannt wurde wie die in ihrer Größe äußerst unterschiedlichen Münzen Penny und Farthing.

1870ER

DAS MODERNE FAHRRAD

JOHN KEMP STARLEY, der Neffe von James Starley, vermutete, dass die Nachfrage nach Fahrrädern steigen würde, wenn sie stabiler und damit sicherer als das Hochrad wären. Er erfand das **SICHERHEITSRAD ROVER**, ein Niederfahrrad mit Kettenantrieb und zwei gleich großen Rädern.

1885

DAS ERSTE ZWEIRAD MIT SELBSTANTRIEB

Der deutsche Erfinder **BARON KARL VON DRAIS** stellte die **DRAISINE** vor. Wie eine Zeitung damals berichtete, säumten die Menschen staunend die Straße, als Drais zu einer Rundfahrt von circa 15 Kilometern aufbrach, die er in knapp einer Stunde geschafft haben soll. Nicht schlecht für ein Holzfahrrad ohne Pedale!

1817

DAS ERSTE FAHRRAD MIT PEDALANTRIEB

Das von **PIERRE MICHAUX** und seinem Sohn **ERNEST** in Paris gebaute **VELOCIPEDE** wurde durch Tretkurbeln an der Vorderachse angetrieben. Aber mit seinen Holzrädern und Eisenreifen war die Fahrt auf den Kopfsteinpflasterstraßen des 19. Jahrhunderts holprig.

1865

WIE FUNKTIONIERTE DAS SICHERHEITSFAHRRAD ROVER?

KATHERINE TOWLE KNOX

Als Tochter einer weißen Mutter und eines afroamerikanischen Vaters wurde die Radfahrerin Katherine Towle Knox im Alter von 18 Jahren Mitglied der **LEAGUE OF AMERICAN BICYCLISTS**. Als die Gruppe im darauffolgenden Jahr Schwarze von der Mitgliedschaft ausschloss, nahm sie an der Jahresversammlung 1875 teil, um die Hindernisse aufzuzeigen, mit denen schwarze Amerikaner und Frauen insgesamt im Radsport konfrontiert waren.

1893

FAHRRADPIONIERINNEN

Die Fahrräder des späten 19. Jahrhunderts gaben den Frauen, die bis dahin für ihre Fortbewegung auf Männer angewiesen waren, Freiheit und mehr Kontrolle darüber, wohin sie fuhren, wann sie fuhren – und sogar darüber, was sie dabei anhatten!

ALFONSINA STRADA

Die italienische Radsportlerin Alfonsina Strada schrieb Geschichte, als sie an einem der längsten und prestigeträchtigsten Etappenrennen der Welt teilnahm, dem **GIRO D'ITALIA**. Unter dem Namen „Alfonsin Strada“ war sie die einzige Frau, die jemals an einer Grand Tour der Männer teilnehmen durfte.

1924

ANNIE „LONDONDERRY“ KOPCHOVSKY

Als zwei Männer behaupteten, dass keine Frau eine **FAHRRADREISE UM DIE WELT** schaffen könne, nahm die 23-jährige lettischstämmige Amerikanerin die Herausforderung an, obwohl sie noch nie Fahrrad gefahren war. Die Pionierin in Sachen Gleichberechtigung der Frau brauchte für die Reise fast 15 Monate.

MARIA E. WARD

Die Radfahrerin Maria E. Ward schrieb das bahnbrechende Buch ***BICYCLING FOR LADIES*** (Radfahren für Frauen), das die Gesellschaft des späten 19. Jahrhunderts schockierte. Der Ratgeber lehrte Frauen, wie man ein Fahrrad kauft, fährt und wartet – alles Schritte zu mehr Selbstständigkeit.

1894–95

ALICE HAWKINS

Alice Hawkins war eine englische Frauenrechtlerin, die das Fahrrad als praktisches Transportmittel bei ihrem **KAMPF FÜRS FRAUENWAHLRECHT** nutzte. Hawkins sorgte für Empörung, weil sie eine der ersten Frauen war, die weite Hosen trug, auch um sich das Auf- und Absteigen vom Fahrrad zu erleichterten.

1896

FRÜHES 20. JH.

MASOMAH ALI ZADA

Als die Taliban den Frauen in Afghanistan ihre Überzeugungen aufzwangen, wurde Masomah Ali Zada mit Steinen beworfen, weil sie trotzdem weiterhin auf ihrem Fahrrad fuhr. Die Situation wurde so gefährlich, dass Zada in Frankreich Asyl beantragte. 2021 nahm sie in Tokio als erste afghanische Radrennfahrerin an den **OLYMPISCHEN SPIELEN** teil und wurde zu einem Symbol der Hoffnung für afghanische Frauen auf der ganzen Welt.

2021

DAS **FERNSEH**STUDIO

EINE NEUE FORM DER UNTERHALTUNG

Seit etwa einem Jahrhundert versetzt das Fernsehen die Menschen weltweit in Erstaunen. Was in den 1920er-Jahren mit unscharfen Bildern auf einem kleinen Bildschirm begann, hat sich zu einer Unterhaltungsmaschine entwickelt, die gestochen scharfe und hochauflösende Bilder liefert. Die meisten Haushalte besitzen heute mindestens einen Fernseher, aber ihre früheren Versionen sehen vielleicht nicht ganz so aus, wie du es erwartest.

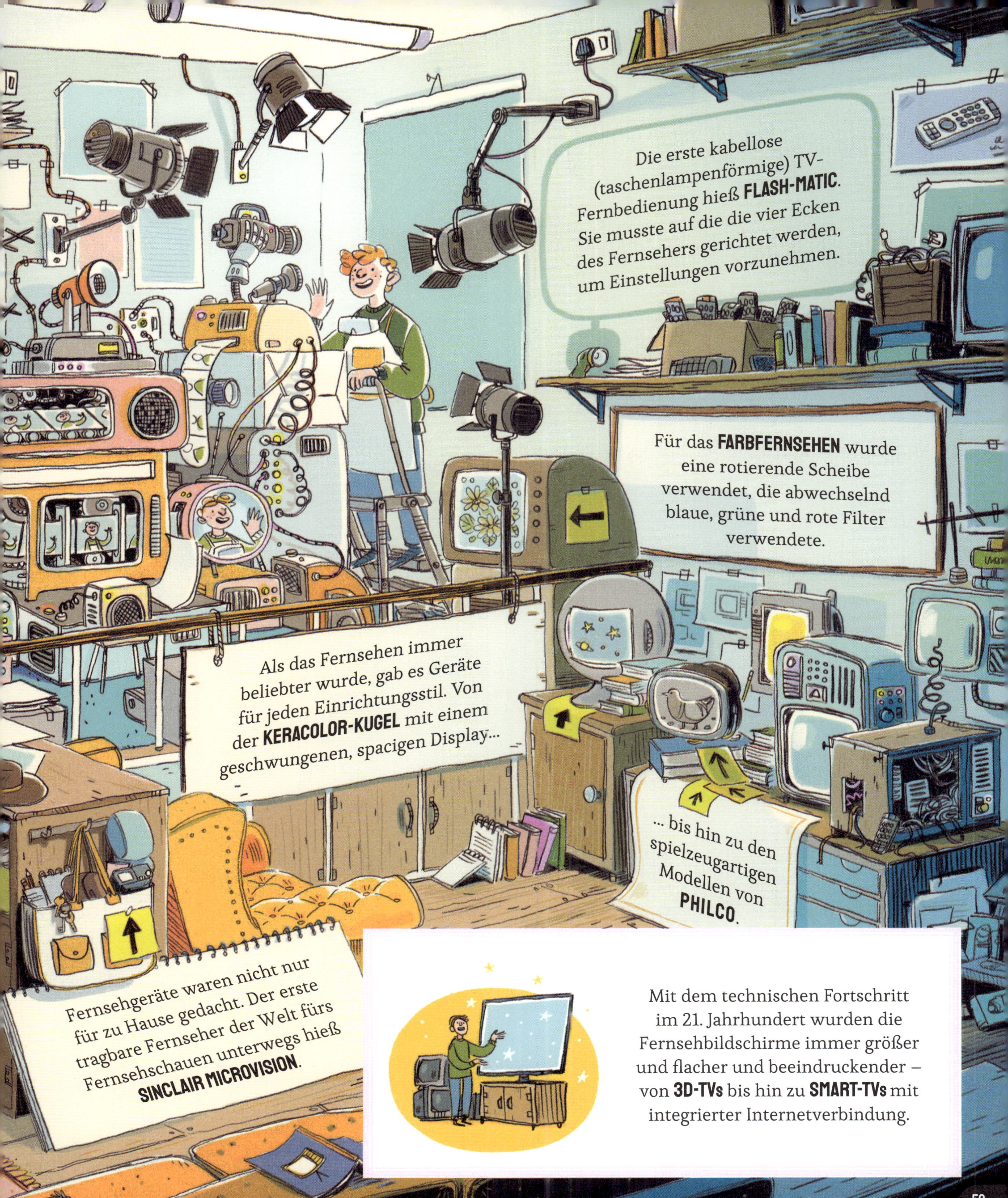

Die erste kabellose (taschenlampenförmige) TV-Fernbedienung hieß **FLASH-MATIC**. Sie musste auf die die vier Ecken des Fernsehers gerichtet werden, um Einstellungen vorzunehmen.

Für das **FARBFERNSEHEN** wurde eine rotierende Scheibe verwendet, die abwechselnd blaue, grüne und rote Filter verwendete.

Als das Fernsehen immer beliebter wurde, gab es Geräte für jeden Einrichtungsstil. Von der **KERACOLOR-KUGEL** mit einem geschwungenen, spacigen Display…

… bis hin zu den spielzeugartigen Modellen von **PHILCO**.

Fernsehgeräte waren nicht nur für zu Hause gedacht. Der erste tragbare Fernseher der Welt fürs Fernsehschauen unterwegs hieß **SINCLAIR MICROVISION**.

Mit dem technischen Fortschritt im 21. Jahrhundert wurden die Fernsehbildschirme immer größer und flacher und beeindruckender – von **3D-TVs** bis hin zu **SMART-TVs** mit integrierter Internetverbindung.

DER PANTELEGRAPH

Jahrzehnte vor der Erfindung des Fernsehens war der Pantelegraph die erste Maschine, die Bilder elektronisch übertrug. Die Erfindung des Italieners **GIOVANNI CASELLI** ermöglichte ihre Übertragung über Telegrafendrähte. Eine regulierende Uhr und ein Pendel sorgten dafür, dass der sendende und der empfangende Pantelegraf synchron liefen. Die Bilder wurden zeilenweise wiedergegeben.

1860

DER BAIRD TELEVISOR

Der Baird Televisor war das **ERSTE FERNSEHGERÄT, DAS IN DEN HANDEL KAM**. Bewegte Bilder wurden mit Hilfe von reflektiertem Licht erzeugt, das von Selenzellen eingefangen und in ein elektronisches Signal umgewandelt wurde. Der Televisor empfing und zeigte unscharfe, niedrig aufgelöste Bilder.

1929

GESCHICHTE DES FERNSEHENS

Die Entwicklung des Fernsehens, das zu einer der wichtigsten und beliebtesten Kommunikationsmedien wurde, war das Ergebnis der Arbeit vieler Erfinder*innen und Ingenieur*innen.

WIE FUNKTIONIERTE DER BAIRD TELEVISOR?

Ein **GESCHWINDIGKEITSREGLER-KNOPF** schaltete die Scheibe ein und stabilisierte das Bild.

Bewegte Bilder liefen auf einem **KLEINEN BILDSCHIRM**.

Neben dem Geschwindigkeitsregler gab es einen **FEINEINSTELLKNOPF** für die Geschwindigkeit der Scheibe.

Das Herzstück des Televisors war die **NIPKOW-SCHEIBE**, die bewegte Bilder zur Umwandlung und Anzeige abtastete.

DIE NIPKOW-SCHEIBE

Der deutsche Techniker **PAUL NIPKOW** entwickelte ein Gerät, das aus einer Scheibe mit spiralförmig angeordneten Löchern bestand. Während sich die Scheibe dreht, verschwimmen für das Auge des Betrachters die Punkte, woraus das Gehirn ein vollständiges Bild erzeugt. Diese Erfindung war ein wesentlicher Bestandteil der ersten Fernsehgeräte.

1884

DAS ERSTE MECHANISCHE FERNSEHEN

Der schottische Ingenieur **JOHN LOGIE BAIRD** verwendete bei der Entwicklung des ersten mechanischen Fernsehers Alltagsgegenstände wie Lampen oder Kisten. Er leitete einen Lichtstrahl durch eine sich schnell drehende, gelochte Scheibe. Ein einfaches Bild konnte so abgetastet, übertragen und wieder umgewandelt werden.

1924

DAS MARCONI-EMI-SYSTEM

Ein EMI-Forschungsteam unter der Leitung des britischen Ingenieurs **ISAAC SHOENBERG** entwickelte das 405-Zeilen-Fernsehsystem, auch Marconi-EMI genannt. Es nutzte das Zeilensprungverfahren, bei dem zuerst alle ungeraden Zeilen und dann alle geraden Zeilen angezeigt wurden, was ein detaillierteres Bild ermöglichte als Bairds 100-Zeilensystem.

Die British Broadcasting Corporation (BBC) führte eine Untersuchung durch, um herauszufinden, welche Methode besser war, der Televisor oder das Marconi-EMI. Die **BESSERE TECHNOLOGIE** sollte den Zuschlag für die Ausstrahlung im ganzen Land erhalten. Marconi EMI setzte sich mit seinem detaillierten Bild durch.

1934

DIE OLYMPISCHEN SPIELE

Die Olympischen Sommerspiele in Berlin waren die ersten, die im Fernsehen übertragen wurden. Mehr als 162.000 Menschen konnten die Sportereignisse in speziellen Zuschauerräumen in der Nähe des Olympiastadions verfolgen. Die Welt erlebte, wie der Leichtathlet **JESSE OWENS** als erster Amerikaner vier Goldmedaillen bei einer einzigen Olympiade gewann.

1936

WELTEREIGNISSE IM FERNSEHEN

Das Fernsehen bietet uns einen Platz in der ersten Reihe, um Geschichte zu erleben. Menschen auf der ganzen Welt sind durch Live-Übertragung gleichzeitig bei weltbewegenden Ereignissen dabei.

DIE ERSTE MONDLANDUNG

Als die Amerikaner **BUZZ ALDRIN** und **NEIL ARMSTRONG** als erste Menschen den Mond betraten, saß die halbe Menschheit gebannt vor ihren TV-Geräten und hörte Armstrongs berühmten Satz: „Ein kleiner Schritt für einen Menschen, ein großer Sprung für die Menschheit."

1969

LIVE AID

Live Aid wurde von rund 1,9 Milliarden Menschen gesehen und in 150 Länder übertragen. Das von den Musikern **MIDGE URE** und **BOB GELDOLF** organisierte Wohltätigkeitskonzert sammelte Geld zur Bekämpfung der Hungersnot in Afrika.

1985

DIE KRÖNUNG VON KÖNIGIN ELIZABETH II.

Für die Krönung von **KÖNIGIN ELISABETH II.** erhielten erstmals Fernsehkameras Zugang zur Westminster Abbey. Schätzungsweise 27 Millionen Menschen in ganz Großbritannien sahen die Krönung. Es war das erste Mal, dass mehr Fernsehzuschauer als Radiohörer ein Ereignis verfolgten.

1953

ERSTE FERNSEHDEBATTE DER KANDIDATEN

Erstmals wurde eine TV-Debatte zwischen den Präsidentschaftskandidaten **JOHN F. KENNEDY** und **RICHARD NIXON** in den gesamten Vereinigten Staaten ausgestrahlt. Später gewann Kennedy knapp die Wahl – dank seines überzeugenden Auftretens in dieser Fernsehdebatte.

1960

DER FALL DER BERLINER MAUER

Am 9. November gab die DDR bekannt, dass ihre Bürgerinnen und Bürger zum ersten Mal seit fast 30 Jahren in die BRD reisen konnten. Ostdeutsche strömten nach West-Berlin, geflohene oder ausgebürgerte Regimegegner durften wieder ostdeutschen Bodenbetreten. Als die jubelnde Menge begann, die **BERLINER MAUER** Stück für Stück abzutragen, waren Fernsehsender aus aller Welt live dabei.

1989

WORTERKLÄRUNGEN

Abakus – Rechenhilfsmittel. Gestell aus Drähten und Perlen

Batterie – Gerät, das Zellen enthält, die elektrischen Strom erzeugen

Code (Computer) – System von Symbolen und Regeln, das verwendet wird, um Computern Anweisungen zu erteilen

Computer – elektronisches Gerät, das komplexe Berechnungen durchführt, Informationen speichert und das für den Internetzugang genutzt werden kann

Dampfkraft – Energie, die entsteht, wenn Wasser zu Dampf erhitzt und zum Antrieb einer Maschine oder Turbine verwendet wird

Digital – Verwendung oder Beinhaltung von Computertechnologie

Elektrizität – Energie, die durch die Bewegung von Elektronen durch leitende Materialien entsteht

Glühbirne – enthält einen Glühfaden, der weiß glüht, wenn er durch elektrischen Strom erhitzt wird

GPS – globales Navigationssystem, das mit Hilfe von Satelliten und Empfängern die Bestimmung des eigenen Standorts ermöglicht

Erste Industrielle Revolution – rasante Entwicklung der Industrie vom späten 18. bis zur Mitte des 19. Jahrhunderts aufgrund der Entwicklung von dampfkraftbetriebenen Maschinen

Kompass – Instrument, das die Himmelsrichtung anzeigt und der Orientierung im Raum dient

Längengrad – erlaubt die Messung der Position östlich oder westlich vom Nullmeridian, der durch den Stadtteil Greenwich in London verläuft

Motor – Maschine mit beweglichen Teilen, die verschiedene Energieformen in Bewegung umwandelt

Navigation – Bestimmung der eigenen geografischen Position sowie die Planung und Verfolgung einer Route

Pendel – Gewicht, das an einem festen Punkt aufgehängt ist, sodass es frei schwingen kann, z. B. zur Regulierung des Mechanismus einer Uhr

Programm (Computer) – eine Anweisungssequenz, die Aufgaben automatisiert und Daten verarbeitet, um bestimmte Ergebnisse zu erzielen

Satellit – künstlicher Körper, der in eine Umlaufbahn um die Erde gebracht wird, z.B. um Informationen für die Kommunikation aufzufangen und weiterzugeben

Schallplatte – eine runde Vinylscheibe, die analoge Audioinformationen trägt, die mit einem Plattenspieler abgespielt werden können

Sendung – Übertragung von Audio- oder Bildinhalten im Radio oder Fernsehen

Sonnenuhr – auf einer Fläche angeordnete Skala, auf der der Schatten eines zu ihr gehörenden Stabes die Stunden anzeigt

Übertragung – Einwegkommunikation über elektronische TV- oder Radiosignale

Verbrennung – eine Reaktion, bei der ein Stoff mit Sauerstoff reagiert, wobei Energie freigesetzt wird

Für alle, die tüfteln, träumen, erfinden und erschaffen
– R.A.

Titel der Originalausgabe: *The Inventor's Workshop*

München · London · New York
ein Unternehmen der Penguin Random House Verlagsgruppe GmbH
Neumarkter Straße 28 81673 München

Übersetzt aus dem Englischen von Ute Löwenberg

Projektleitung: Constanze Holler
Lektorat: Stephan Thomas
Herstellung: Susanne Hermann
Satz: Doruntina Berisha
Druck und Bindung: Toppan Lee Fung Limited, Dongguan, China

FSC www.fsc.org MIX Papier | Fördert gute Waldnutzung FSC® C104723

Penguin Random House Verlagsgruppe FSC® N001967

ISBN 978-3-7913-7578-6

www.prestel-junior.de